한자 학습과 명심보감을 정복

筆寫本

명심보감

明心寶鑑

峕嵐 金弘泰 精書

법문북스

한자 학습과 명심보감을 정복

筆寫本

명심보감

明心寶鑑

峕嵐 金弘泰 精書

법문북스

序 言

漢文書冊을 通한 人性教育書 라면 古代 聖賢들의 名言·警句들을 모아놓은 「明心寶鑑」이 最優善으로, 지금의 敬老 社會教育 프로그램에도 올라와 있다.

實際 教育現場에 臨해서는 于先 優秀한 教材가 必要한데, 書店街에 있는 冊은 種類도 많고 解說또한 훌륭하나, 句節을 짧게 떼어 알기 쉽게 解析한 것이 없고, 意譯이 大部分임을 안타까이 여겨, 受講하시는 어르신들의 文理를 돕고자 펜으로 크게 써서, 直譯을 붙여 理解하기 쉽도록 編成하여 筆寫本冊子를 만들었다.

7. 7

漢字·漢文指導師 金 弘泰

目次

1. 繼善篇(善行을 계속하라)

①	子曰
	공자께서 말씀하기를
明 밝을 밝힐 (명)	爲善者는
心 마음 (심)	착한 일을 하는 사람에게는
寶 보배 (보)	天이 報之以福하고
鑑 거울 (감)	하늘이 갚기를 복으로써 하고
繼 이을 (계)	爲不善者는
善 착할 (선)	착하지 않은 일을 하는 사람에게는
爲 할 될 위할 (위)	天이 報之以禍니라。
報 갚을 (보)	하늘이 갚기를 재앙으로써 하느니라。
福 복 (복)	
禍 재앙 (화)	
②	漢昭烈이 將終에
漢 한나라 (한)	後漢의 나라 소열왕이 임종에 이르러
昭 밝을 (소)	勅後主曰
烈 매울 (렬)	다음 임금(아들)에게 칙서로 말하기를

勿以善小而不爲하고

착한 것이 작다고해서 하지 않기를 말고

勿以惡小而爲之하라。

악한 것이 작다고 해서 하지를 말아라。

－昭烈의 姓은 劉요 名은 備요 諱는 玄德으로 三國志에 登場함.

- 將 장수, 장차 (장)
- 終 마칠, 끝 (종)
- 勅 칙서 (칙)
- 主 임금, 주인 (주)
- 勿 말 (물)
- 惡 악할 (악), 미워할 (오)

③

莊子曰

장자가 말하기를

一日不念善이면

단 하루라도 착한 것을 생각지 않으면

諸惡이 皆自起니라。

모든 악한 것이 다 스스로 일어나느니라。

－莊子는 老子와 함께 道家를 형성한 中國의 有名한 哲學者이다。

- 莊 장엄할, 꾸밀, 별장 (장)
- 念 생각 (념)
- 諸 모두 (제)
- 皆 다 (개)
- 起 일어날 (기)

④

太公이 曰

태공선생이 말하기를

見善如渴하고

착한 것을 보거든 목마른것 같이 하고

聞惡如聾하라

악한 것을 듣거든 귀먹은것 같이 하라

又曰

또 말하기를

善事란 須貪하고

착한 일이란 모름지기 탐하고

惡事란 莫樂하라。

악한 일이란 즐겨하지 말지니라。

—太公의 姓은 姜이오 名은 呂尙으로 渭水에서 낚시질하다 周文王에게 발탁 되어 一躍 宰相이 되었으며, 武王을 도와 殷을 멸망시킴

- 太 클 (태)
- 公 공변될 (공)
- 見 볼 (견)
- 如 같을 (여)
- 渴 목마를 (갈)
- 聞 들을 (문)
- 聾 귀먹을 (롱)
- 又 또 (우)
- 事 일 섬길 (사)
- 須 모름지기 (수)
- 貪 탐할 (탐)
- 莫 말 (막)

⑤

馬援이 曰

마원이 말하기를

終身 行善이라도

종신토록 선을 행하더라도

- 馬 말 (마)
- 援 구원할 (원)

猶 원숭이 오히려 같을 (유)
不 아니 (불) 아니 (부)
行 다닐 행할 (행)
有 있을 (유)
餘 남을 (여)
足 발 넉넉할 (족)

善猶 不足이요
선은 오히려 부족하고

一日 行惡(악)이라도
단 하루 악을 행하였을 지라도

惡自 有餘니라。
악은 자연히 남음이 있느니라。

⑥

司 맡을 (사)
溫 따스할 (온)
積 쌓을 (적)
金 쇠 금 돈 (금)
遺 끼칠 남길 (유)
盡 다할 (끝날) (진)

司馬溫公이 曰
사마온공이 말하기를

積金 以遺子孫이라도
돈을 모아서 자손에게 남기어 주더라도

未必子孫이 能盡守요
반드시 능히 다 지키지 못할 것이요

積書 以遺子孫이라도
책을 모아서 자손에게 남기어 주더라도

未必子孫이 能盡讀이니
반드시 자손이 능히 다 읽지 못할 것이니
不如 積 陰德於
가만히 하는 덕을
冥冥之中하야
은근한 가운데 쌓아서
以爲 子孫之計也니라.
자손의 計巧를 삼느니만 같지 못하니라.

· 陰德 잘 나타나지 않게 행하는 덕.
· 冥冥之中 어둡고도 은근한 가운데.

- 未 아닐 ㊀미
- 必 반드시 (필)
- 能 능할 (능)
- 讀 읽을 (독)
- 陰 그늘 (음)
- 德 덕 (덕)
- 冥 어둘 (명)
- 計 계획 계교 (계)

⑦

景行錄에 曰
경행록에 말하기를
恩義를 廣施하라
은혜와 의로움을 널리 베풀어라
人生何處不相逢이랴
사람이 어디에서든 만나지 않으랴

- 景 볕 경치 경기 (경)
- 錄 기록할 (록)
- 廣 넓을 (광)
- 施 베풀 (시)

讐 원수 수
怨 원망 원
結 맺을 결
莫 말 막
路 길 로
逢 만날 봉

讐怨을 莫結하라

원수와 원한을 맺지 말아라

路逢狹處면 難回避니라。

좁은 길에서 만나게 되면 피하기 어려우니라

狹 좁을 협 處 곳 처 難 어려울 난
回 돌이킬 회 避 피할 피

⑧

於 어조사 늘 어
我 나 아
之 어조사 지
旣 이미 기
亦 또 역시 역
能 능히 능
無 없을 무
哉 어조사 재 (語助詞)

莊子曰

장자가 말하기를

於我善者라도 我亦善之하고

나에게 선하게 대하는 자도 나는 또한 선하게 대하고

於我惡者라도 我亦善之니라

나에게 악하게 대하는 자도 나는 또한 선하게 대할지니

我旣於人에 無惡이면

내가 이미 남에게 악하게 하지 않으면

人能於我에 無惡哉인저。

남도 능히 나에게 악하게 하지 않을 것이다。

9 東岳聖帝 道家에서 사람의 壽命과 福祿을 맡는다고 하는 泰山府君의 다른 이름. 垂訓：後世에 傳하는 敎訓 雖 비록 ㉾ 至 이를 지극할 ㉷ 園 동산 ㉻ 長 길 클 어른 ㉸ 增 더할 ㉹	東岳聖帝垂訓에 日 동악성제 수훈에 이르기를 一日 行善이라도 하루 착한 일을 했을지라도 福雖未至나 禍自遠矣오 복은 비록 이르지 않으나 화는 자연 멀어지고 一日 行惡이라도 하루 악한 일을 했을지라도 禍雖未至나 福自遠矣니 화는 비록 이르지 않으나 복은 자연 멀어지나니 行善之人은 선을 행하는 사람은 如春園之草하야 봄 동산에 풀과 같아서 不見其長이라도 日有所增하고 그 크는 것은 보이지 않더라도 날마다 더하는 바가 있고

惡 악할 ㊀악 / 미워할 ㊀오	行惡之人은
	악을 행하는 사람은
磨 갈 ㊀마	如磨刀之石하야
刀 칼 ㊀도	칼을 가는 돌과 같아서
損 덜릴 ㊀손	不見其損이라도 日有所虧니라.
虧 이지러질 ㊀휴 (점차 줄어듦)	그 덜림은 보이지 않더라도 날마다 이즈러지는 바가 있느니라.
⑩	子曰
	공자께서 말씀하기를
善 = 善行	見善如不及하고
及 미칠 ㊀급 / 다달을 ㊀급	착한 일을 보거든 나는 그렇게 못할것 같이 하고
探 더듬을 ㊀탐	見不善如探湯하라.
湯 끓을 ㊀탕	착하지 않은 일을 보거든 끓는 물에 손이 닿은것 같이 할지니라.

2. 天命篇 (하늘의 命은 거스를 수 없다)

⑪	孟子 曰
順 = 順應	맹자께서 말하기를
天 = 天理	順天者는 存하고
存 = 生存	하늘 이치에 순응하는 자는 살고
逆 거스를 (역)	逆天者는 亡이니라.
亡 = 死亡	하늘 이치를 거스르는 자는 망하느니라.
亞 버금 (아) (두번째)	— 孟子는 中國 戰國時代의 哲人으로 姓은 孟, 名은 軻로 亞聖임.
⑫	康節邵先生이 曰
康 편안 (강)	강절소 선생이 말하기를
節 마디 (절)	天聽이 寂無音하니
邵 고을이름 姓 (소)	하늘의 들으심이 고요하여 소리가 없으니
聽 들을 (청)	蒼蒼何處尋고
寂 고요할 (적)	푸르고도 푸른 곳 어디서 찾을고
蒼 푸를 (창)	非高亦非遠이라
	높지도 않고 또한 멀지도 않으니라

都只在人心이니라.

모두가 다만 사람 마음에 있느니라.

—康節 邵先生: 宋나라때 儒學者로 姓은 邵, 康節은 諡號, 名은 雍, 字는 堯夫다.

處 곳 (처)
尋 찾을 (심)
都 도읍 모두 (도)
只 다만 (지)

13

玄帝垂訓에 曰

현제의 수훈에 이르기를

人間私語라도

사람들끼리 사사로이 하는 말이라도

天聽은 若雷하고

하늘이 듣는 것은 우뢰 같고

暗室欺心이라도

어두운 방안에서 마음을 속이더라도

神目은 如電이니라.

살피고 있는 신의 눈은 번개 같이 훤히 보고 있느니라.

—玄帝: 道家(老子·莊子 등)의 인물로 推定되나 確實하지 않다.

玄 검을 (현)
帝 임금 (제)
垂 드리울 (수)
私 ↔ 公 사사로울 (사)
若 같을 (약)
雷 우뢰 (천둥) (뢰)
暗 어두울 (암)
欺 속일 (기)
電 번개 (전)

⑭

益智書에 云하되

익지서에 이르기를

惡鑵이 若滿이면

악한것이 두레박에 가득하게 되면

天必誅之니라。

하늘이 반드시 베느니라。

— 益智書 : 宋나라때의 冊으로 品性을 바르게 하라는 內容임.

- 智 지혜 (지)
- 鑵 두레박 (관)
- 若 만약 (약)
- 滿 가득할 (만)
- 誅 벨 (주)

⑮

莊子 曰

장자가 말하기를

若人이 作 不善하야

만약 사람이 착하지 않은 일을 꾸며

得 顯名者는

나타나는 이름을 얻는 자는

人雖不害나 天必戮之니라。

사람이 비록 해치지 못하나 하늘이 반드시 죽이느니라。

- 莊 풀무성할, 꾸밀, 별장, 장자 (장)
- 顯 나타날 (현)
- 害 해칠, 해로울 (해)
- 戮 죽일 (륙)

(16)	種瓜得瓜요 種豆得豆니
種 씨 심을 (종)	외를 심으면 외를 얻고 콩을 심으면 콩을 얻을 것이니
瓜 오이 참외 (과)	天網이 恢恢하야
豆 콩 (두)	하늘 그물이 넓고 넓어서
網 그물 (망)	疏而 不漏니라。
恢 넓을 (회)	성긴것 같으나 새지 않느니라。
疏 성길 (소)	ㅡ 심은대로 거두는 것이니, 善을 심으면
漏 샐 (루)	福을, 惡을 심으면 禍를 거두게 됨、
(17)	子曰
	공자께서 말씀하기를
獲 얻을 (획)	獲罪於天이면
罪 죄지을 (죄)	하늘에 죄를 지으면
所 곳 (소)	無所禱也니라。
禱 빌 (도)	빌 곳이 없느니라。
(祈禱 함)	(사람으로 사람을 다스림) ㅡ 하늘은 以人治人이라、 사람이
	國法에 依해 處罰하거 빌어야 소용없음。

3. 順命篇 (하늘의 命에 順應하라)

⑱	子曰
子 = 孔子	공자께서 말씀하기를
死 죽을 ㉕사	死生이 有命이오
生 태어날 ㉕생	죽고 사는 것은 명에 있고
命 = 運命	富貴在天이니라.
富 부자 ㉕부	부와 귀는 하늘에 있느니라.
貴 귀할 ㉕귀	- 生·死·富·貴는 사람의 힘으로 이루어지지 않는다는 뜻임.
⑲	萬事 分已定이어늘
分數 : 自己의 처지에 마땅한 限度	모든 일은 分數대로 이미 정해져 있거늘
浮 뜰 ㉕부 (물에 뜸)	浮生이 空自忙이니라.
忙 바쁠 ㉕망	덧없는 人生들이 공연히 스스로 바빠하느니라.
⑳	景行錄에 云하되
	경행록에 이르기를

倖 요행 ㊀	禍不可倖免이요
免 면할 (면)	화를 부르며 가히 요행으로 면할 수 없고
再 두 (재) (再次)	福不可再求니라。
	복을 탕진하면 가히 두번 구할수 없다。
求 = 得	
	— 밖에 있는 禍를 불러들이지 말고
	안에 있는 福을 내치지 말라는 敎訓。
㉑	時來에
時 = 好運	때가 오니
送 보낼 (송)	風送滕王閣이요
滕 나라이름 (등)	바람이 등왕각으로 보내 주었고
閣 누각 (각)	運退에
	운이 물러가니
運 = 吉運	雷轟薦福碑니라。
轟 부술 (굉)	우뢰가 천복비를 부수었느니라。
薦 천거할 (천)	
碑 비석 (비)	

〈時來에 風送滕王閣〉

「滕王閣」은 江西省 新建縣의 章江門 에 있는데 唐高祖의 아들 元嬰(원영) 이 洪州刺史로 있을때 세운 것으로, 後에 滕나라 王에 獻納하니 이때「滕王閣」이라 命名하였다.

王勃(왕발)은 字가 子安인데 어려서부터 재주가 뛰어나 14才에 神童으로 불려졌고 朝散郞이 되었다. 咸亨(672) 2년에 洪州에서 赴任하 閻伯嶼가 이곳에서 잔치를 베풀때, 그 사위에게 미리 등왕각 序文을 짓게하고 손님들에게도 序文 짓기를 請하였으나 모두 사양하였다.

이때 王勃이 뜻밖의 順風을 만나 배를 타고 하룻밤에 700리를 가서 이 宴會에 참석하여 마침 그 序文을 지으니, 글을 본 閻伯嶼가 讚嘆하여 마지 않았다.

그후 王勃은 楊炯、盧照隣、駱賓王과 더불어「初唐四傑」이라 稱頌되였고, 著書로 「王子安集」16권이 있다.

이 글(위 제목)은 비록 글을 잘짓는 왕발일지라도 順風을 만나지 못했다면 이 宴會에 참석하지 못하여 이름을 크게 드러내지 못하였을 것이라고 比喩한 글이다.

〈運退에 雷轟薦福碑〉

薦福碑는 江西省 薦福寺에 있던 碑石으로, 李北海가 文章을 지었고 歐陽詢이 글을 썼다.

當時 歐陽詢의 글씨는 拓本도 한장의 값이 千金이었다. 당시 范仲淹이 그 地方을 다스릴때에 어느 가난한 書生이 찾아와 가난을 하소연 하였다.

이 말을 들은 범중엄이 천복사 碑文의 拓本을 一千本을 떠서 팔아보라며 資金을 대주었다. 書生이 拓本을 뜨려고 고생끝에 천복사에 到着하니 날이 어두워져 다음날부터 薦福碑의 拓本을 뜨려고 하였는데, 하필 그날 밤 벼락이 떨어져 碑石이 산〃조각이 났다.

아무리 계획을 세우고 功들인 일일지라도 財數없으면 우뢰가 천복비를 부수듯이, 萬事가 運이 否塞(비색)하면 되는 일이 없다는 뜻으로 福은 타고 나야지 억지로는 안된다는 教訓을 주기 위하여 이 文章이 생겨난 것이다.

㉒	列子 曰
列 벌릴 줄지을 (렬)	열자가 말하기를
癡 어리석을 (치)	癡聾痼瘂도
聾 귀먹을 (롱)	어리석고 귀먹고 벙어리라도
痼 고질 (고)	家豪富요
瘂 벙어리 (아)	집이 호화롭고 부자인 사람이 있고
豪 傑 宕 華 (호)	智慧聰明도
智 지혜 (지)	지혜롭고 총명하더라도
慧 지혜 밝을 (혜)	却受貧이라
却 물리칠 도리어 (각)	더러는 가난하게 사는 이가 있느니라
該 모두 (해)	年月日時 - 該載定하니
載 실을 (재)	생년 생월 생일 생시(四柱八字)에 모두 실어 정해졌으니
由 말미암을 (유)	算來에
	아무리 따져 보아도
	由命不由人이니라。
	운명인 것이지 사람에게 달린 것이 아니니라。

4. 孝行篇 (부모님께 효도하라)

㉓	詩에 曰
詩經은 五經中하나로, 中國人의 民謠를 文字化한책이다.	시경(詩經)에 이르기를
	父兮生我 하시고
	아버지여 나를 낳게 하시고
兮어조사 (혜)	母兮鞠我 하시니
鞠기를 (국)	어머니여 나를 기르시니
哀슬플 (애)	哀哀父母여
劬힘쓸 (구)	슬프고 애달프다 부모님이여
勞수고로울 (로)	生我劬勞 샷다
深깊을 (심)	나를 낳아 기르시느라 애쓰셨도다
恩은혜 (은)	欲報深恩 인댄
昊넓을 (호)	그 깊은 은혜 갚고자 할진대
罔없을 (망)	昊天罔極 이로다。
極다할 (극)	넓은 하늘과 같이 끝이 없도다。

㉔	子曰
孝 효도 (효)	공자께서 말씀하기를
事 섬길 (사)	孝子之事親也에
親 어버이 (친)	효자가 부모님을 모실때에는
居 살 (거)	居則 致其敬하고
致 이룰 다할 (치)	거처하여 계심today 그 공경을 다하고
養 기를 (양) (奉養)	養則 致其樂하고
病 병들 (병)	봉양함에는 그 즐겁게 해드리고
憂 근심 (우)	病則 致其憂하고
喪 초상 망할 잃을 (상)	병이 나시면 그 근심을 다하고
哀 슬플 (애)	喪則 致其哀하고
祭 제사 (제)	돌아가시면 그 슬픔을 다하고
嚴 엄할 (엄)	祭則 致其嚴이니라。
	제사를 모실때에는 그 엄숙함을 다 하여야 하느니라。

㉕	子曰
	공자께서 말씀하기를
在 있을 (재)	父母 - 在어시든
遠 멀 (원)	부모님이 생존해 계시거든
遊 놀 (유)	不遠遊하며
必 반드시 (필)	멀리 떨어져 놀지 말며
方 모 방위 (방)	遊必有方이니라。
方：方位·方向	놀때에는 반드시 어디에서 라고
곳·어디	말씀드려야 하느니라。
㉖	子曰 父 - 命召어시든
命 명령할 (명)	공자께서 말씀하기를, 부모님이 부르시거든
唯 오지 (유)	唯而不諾하고
(惟·維와 混用)	예!(네) 하고, 왜요? 하지를 말고
吐 뱉을 (토)	食在口則吐之니라。
	음식이 입에 있으면 뱉고 답할지니라。

㉗	太公이 曰
	태공이 말하기를
於 어조사 (어)	孝於親이면
親 어버이 (친)	부모님께 효도하면
亦 또 (역)	子亦孝之하나니
之 어조사 (지)	내 자식 또한 나에게 효도하리니
旣 이미 (기)	身旣不孝면
何 어찌 (하)	내가 이미 불효한다면
焉 어조사 (언)	子何孝焉이리오。
	자식이 어찌 나에게 효도하리오。
㉘	孝順은
順 순할 (순)	효도하고 순종하는 이는
還 돌아올 (환)	還生孝順子오
돌려보낼	다시 효도하고 순종하는 자식을 낳고

忤逆은

(부모에게) 거스르고 거역하는 이는

還生忤逆子하나니

자기도 거스르고 거역하는 자식을 낳을 것이니

不信커든

믿지 못하겠거든

但看簷頭水하라

다만 처마 끝의 떨어지는 물을 보아라

點點滴滴不差移니라.

점점이 떨어지는 물방울이 조금도 옮겨다녀 어긋남이 없느니라.

- 위의 '差移'를 普通 흔히 쓰는 '差異'와 混同할 수 있으니 注意하여야 한다. 물방울끼리 「별 차이 없이 비슷비슷하다」로, 모양이나 떨어지는 모습을 말한 것이 아니라, 처마 끝 A지점의 물이 땅의 A지점에 떨어지고, 처마끝 B지점의 물이 땅의 B지점에 떨어지니, A에서 B로 또는 B에서 A로 옮기지 않는다는 뜻임.

忤 거스를 ㉮오
逆 거스를 (역)
簷 처마 (첨)
頭 머리 (두)
但 다만 (단)
看 볼 (간)
點 점 (점)
　점찍을 (점)
滴 물방울 (적)
移 옮길 (이)
差 어긋날 (차)
普 넓을 (보)
異 다를 (이)
混 섞을 (혼)
注 물댈 (주)

5. 正己篇 (몸을 바르게 하라)

㉙ 性理書란 稟性(사람의 타고 난 性質)을 다스리는 글이란 뜻으로 性理學인 大學·中庸 論語·孟子 등이 이에 該當하며, 別度의 册名을 말하는 것인지는 明確치 않다. 尋 찾을 ㊅심 方 곧바로	性理書에 云하되 성리서에 이르기를 見人之善이어든 다른사람의 선행을 보았거든 而尋己之善하고 나 자신의 선을 찾고 見人之惡이어든 남의 악행을 보았거든 而尋己之惡이니 나 자신은 악이 없나 살필 것이니 如此래야 이와 같이 하여야 方是有益이니라. 바야흐로 이 더함이 있느니라. 己 = 몸㊅기 로, 肉身을 말하는 것이아니라 '나', 즉 自己·自身을 말함.

㉚	景行錄에 云하되
丈 ^{7/2} 길이 어른 ㉶	경행록에 이르기를
容 ^{宀/7} 얼굴 받아드릴 ⓤ(용)	大丈夫－當容人이언정
	대장부라면 마땅히 남을 용서할지언정
容人 남을 容恕함	無爲人所容이니라。
所容 용서를 바람	남에게 용서받는 사람이 되어서는 아니 될것 이니라。
㉛	太公이 曰
賤 천할 (천)	태공이 말하기를
蔑 업신여길 (멸)	勿以貴己而賤人하고
恃 믿을 뽐낼 (시)	자신이 귀하다 여겨 남을 천대하지 말고
輕 가벼울 (경)	勿以自大而蔑小하고
敵 원수 대적할 적 (적)	자신이 크다하여 작은이를 멸시하지 말고
	勿以恃勇而輕敵이니라。
	자신의 용맹을 믿고 적을 가벼이 보지 말것이니라。

(32)	馬援이 曰
馬 말 (마)	마원이 말하기를
援 도울 구원할 (원)	聞人之過失이어든
	남의 過失(잘못함)을 들었거든
聞 들을 (문)	如聞父母之名하야
– 듣는다는 것	부모님 이름을 들은 것 같이 하여
은 귀가 열려	耳可得聞이언정
있으니 안들을	
수 없으며,	귀로는 부득이 전해 들었을 지언정
말을 하고 안	口不可言也니라。
하고는 자신이	입으로는 절대로 말을 옮기지 말지니라.
결정하는 것.	
	馬援은 잘 알려지지 않았으며,
	後漢書에 '馬援列傳'이 있다。
(33)	康節邵先生이 曰
邵 姓 (소)	강절 소 선생이 말하기를
謗 비방할 훼방할 (방)	聞人之謗이라도 未嘗怒하며
	남이 나를 훼방하는 말을 듣더라도 곧바로

성내지 말며

聞人之譽라도 未嘗喜하며

남이 나를 칭찬하는 말을 듣더라도 곧바로 기뻐하지 말며

聞人之惡이라도 未嘗和하며

남의 악행을 전해 듣더라도 곧바로 화답하지 말며

聞人之善則就而和之하고

남의 선행을 전해 들으면 함께 나아가 화답하고

又從而喜之니라

또 함께 따라서 기뻐할지니라

其詩에 曰

그 시에도 말하기를

樂見善人하고

착한 사람 보기를 좋아하고

樂聞善事하며

착한 일 듣기를 즐거워 하며

樂道善言하고

착한 말 하기를 좋아하고

譽 칭찬할 기릴 (예)

嘗 일찍 (상)

就 나아갈 (취)

從 좇을 (종)

和 화목할 (화)

喜 기뻐할 (희)

其詩:

康節邵 先生의 詩、人的事項은 12P 12節에 記錄、

芒 까끄라기 (꺼럭) 망	樂行善意하라
	착한 뜻 행하기를 즐거워 하라
刺 가시 자 " 찌를	聞人之惡이어든
	남의 허물을 전해 듣거든
朿 木/2 가시 자	如負芒刺하고
" 棘 木/8 가시나무 극 과 同字	껄끄러운 가시를 짊어진것 같이 하고
束 木/3 묶을 속	聞人之善이어든
佩 찰 패 (몸에지님)	남의 선행을 전해 듣거든
蘭 난초 난	如佩蘭蕙나라。
蕙 혜초 혜	난초와 혜초를 몸에 지닌듯이 여겨라。
(둘모두香草임)	
㉞	道吾善者는 是吾賊이요
道 이를 도	나를 착하다고 말하여주는 사람은 곧 나를 해치는 자요
말하여줄 다 이름	道吾惡者는 是吾師나라。
	나를 나쁘다고 말해주는 사람은 곧 나의 스승이니라。

賊 도둑 적 . 해칠 적

③⑤	太公이 曰
	태공이 말하기를
無價 : 공짜	勤爲無價之寶요
無價紙 : 공짜신문 (돈을 안 받음)	부지런함은 돈없이도 살수있는 보배요
符 ⓑ 1. 兵符 2. 符信 3. 符籍	愼是護身之符니라。
	삼가함은 이 몸을보호해 주는 부적(符籍)이니라。
籍 문서 적을 ⓙ	符籍 : 惡鬼나 雜神을 쫓기 위하여 靈砂(水銀을 고아 만든 한약재)를 이용
靈 신령 ⓛ	붉게 야릇한 글자나 모양을 그린
砂 모래 朱砂 ⓢ	종이로、출입문 위 벽에 붙이거나 몸에 지니고 다님(神符、符作)
③⑥	景行錄에 曰
	경행록에 이르가를
寡 적을 과부 ⓖ	保生者는 寡慾하고
慾 욕심 ⓨ	삶을 보전(保全)하려면 욕심을 줄이고
保 보호할 ⓑ	保身者는 避名이니
避 피할 ⓟ	몸을 保全하려면 이름을 피할지니

易 쉬울 (이) 바꿀 (역) 譽 기릴 (예) (칭찬) 慾 욕심 (욕) 難 어려울 (난)	寡慾은 易(이)어니와 욕심을 줄이기는 쉬우나 無名은 難이니라。 名譽慾을 버리기는 어려우니라。 - 이름(名譽)을 얻으려 國會議員 또는 機關長 等에 出馬하였다가 落選하여 家產을 탕진한 경우가 許多함.
(37) 君子 : 學問과 德이 높고 行實이 바르며, 品位를 갖춘 사람. 血氣 : 목숨을 維持하는 피와 기운. 戒 경계할 (계) 壯 씩씩할 (장)	子曰 공자께서 말씀하기를 君子 - 有三戒하니 군자가 경계할 것이 셋이 있으니 少之時엔 血氣未定이라 어릴 적에는 혈기가 성숙되지 않은지라 戒之在色하고 경계할 것이 女色에 있고 及其壯也하얀 그 壯丁이 되어서는

剛 굳셀 (강)	血氣方剛이라
鬪 싸울 (투)	혈기가 바야흐로 굳센지라
及 미칠 (급) (다다를)	戒之在鬪하고
	경계할 것이 싸움에 있고
旣 이미 (기)	及其老也하야
(旣成服)	그 老衰함에 이르러서는
衰 쇠약할 (쇠)	血氣旣衰라
得: 取得	혈기가 이미 쇠약해졌는지라
공짜물건을 욕심내고 貪함.	戒之在得이니라.
	경계할 것이 얻는데에 있느니라.
(38)	孫眞人養生銘에 云하되
孫眞人:	손진인의 양생명에 이르기를
道家의 名醫로 孫思邈이라고	怒甚偏傷氣요
도 함.	성냄을 심히 하면 자칫 기운을 상하고

思多 : 고미 또는 우울증등. 잠을 못잘정도로 생각이 많음.	思多 太損神이라
損 덜 릴 (손)	생각이 雜多하면 크게 정신을 손상한다
神 정신 (신)	神疲 心易役이오
疲 피곤할 (피)	정신이 피로하면 마음이 쉽게 지치고
易 쉬울 (이)	氣弱 病相因이라
役 역사할 부릴 (역) (힘이듬)	기력이 허약하면 병이 이어서 생긴다
因 인할 (인)	
極 다할 심할 (극)	
均 고를 (균)	勿使 悲歡極하고
醉 취할 (취)	슬픔과 기쁨을 너무 극도에 이르게 말고
戒 경계 (계)	當令 飮食均하며
晨 새벽 (신)	마땅히 음식으로 하여금 고르게 하며
嗔 성낼 (진)	再三 防夜醉하고
	두세번 밤에 취하는걸 방지하고
	第一 戒晨嗔하라
	제일(첫째)로는, 새벽에 소리내어

꾸짖는 것을 경계하여라.

亥時：午后 9~11時. 鳴 울 (명) (귀를 말함) 天：하늘方向 (위쪽) 鼓 북 (고) 두드릴 (당겨줌) 漱 양치질할 (수) 津 나루 (진) 진액 玉津： 자고 일어난 진한 침 妖 아리따울 요귀 (요) 邪 간사할 (사) 辛 매울 (신) 味字가 올 자리이나 音韻관계로 五味中하나	亥寢 鳴天鼓요
	亥時에 잠자기전 귀를 위로 당겨주고
	寅興 漱玉津이며
	寅時에 일어나 진한 침으로 양치하여 삼키면
	妖邪 難犯己요
	요사한 기운이 몸을 침범키 어려울것이요
	精氣 自全身이리라
	깨끗한 기운이 저절로 몸을 보전하리라
	若要 無諸(제)病인대
	만약 모든병이 없기를 바란다면
	常須 節五辛이니
	항상 모름지기 五味를 調節할것이니
	安神 宜悅樂이요
	(그리하면) 정신이 안정되어 열락할것이요

인 辛字를 붙임.

惜 아낄 ㉯	**惜氣 保和純**이리라
和 = 溫和	기운을 아끼면 和純함이 保全되리라
純 = 純粹	五味 = 酸(산)·鹹(함)·辛(신)·甘(감)·苦(고) 시고 짜고 맵고 달고 쓰고
壽 목숨 ㉮ 오래살	**壽夭 休論命**하라
夭 일찍죽을	오래살고 일찍죽는 것이 명이라 말하지말라
㉰	**修身 本在人**이니
遵 쫓을 ㉱ (따를)	수신함은 본래 사람에게 달려 있나니
目/5 眞 참 ㉲ 진짜 진실 순수	**若能 遵此理**면 만약 능히 이 이치를 쫓는다면 **平地 可朝眞**이리라。 평지를 걷는 것 같이 아침마다 몸이 가뿐하리라。
出典 : 東醫寶鑑 先賢格言篇 原 明心寶鑑 엔 8절만 있음.	本 孫眞人養生銘을 살펴보면 1절 怒甚…부터 平地…까지 五言으로 20절이며, 열번째 끝字마다 韻을 따랐으니 神·因·均·嗔·津·身·辛·純·人·眞 의 ㄴ(니은)字 韻으로 하느라 애썼다。

㊴ 景行錄에 曰

食淡 精神爽이요
음식이 담박하면 정신이 상쾌해지고

心清 夢寐安이니라.
마음이 맑으면 꿈자리가 편안하니라.

食淡 : 肉類보다 菜食을 意味함.
　　　飮食이 정갈하게 차려짐.

- 淡 싱거울, 담박할 (담)
- 精 깨끗할 (정)
- 爽 상쾌할 (상) (점괘효(爻) 部首의 7획)
- 夢 꿈 (몽)
- 寐 잘 (매)

㊵ 定心應物하면

마음을 안정되게 갖어 사물에 대응한다면

雖不讀書라도
비록 책을 읽지 않았더라도

可以爲有德君子니라.
가히 덕망이 있는 군자가 될 수 있느니라.

德 : 윤리적 의지대로 행동할 수 있는 인격체.

君子 : 학문과 덕이 높고 행실이 바르며
　　　인격적 품위를 갖춘 사람.

- 應 응대할 (응)
- 物 만물 (물)
- 雖 비록 (수)
- 讀 읽을 (독)
- 爲 할 (위)
- 德 큰 (덕)
- 君 임금 (군) (그대)

㊶	近思錄에 云하되
近 가까울 (근)	근사록에 이르기를
懲 징치할 여누를 (징)	懲忿을 如故人하고
忿 분할 성날 (분)	분한 마음 가라앉히기를 친구 반기듯이 하고
故 연고 (고)	窒慾을 如防水하라。
故人 : 오래전부터 친하게 잘 아는사람.	욕심 틀어막기를 물 틀어막듯이 하라。
	近思錄 : 宋나라 때 朱子가 지은 책으로, 處世와 養生의 教訓을 담음.
㊷	夷堅志에 云하되
夷 오랑캐 (이)	이견지에 이르기를
堅 굳을 (견)	避色을 如避讐하고
志 뜻 적을 (記錄할) (지)	女色 피하기를 원수 피하듯이 하고
讐 원수 (수)	避風을 如避箭하며
	弊風을 피하기를 화살 피하듯이 하며
箭 화살 (전)	莫喫空心茶하고
喫 먹을 (끽)	빈 속에 차(커피)를 마시지 말고

弊風(弊習) 도덕, 기풍등이 썩거나 어지러워져, 투전·도박등이 성행하는 것。

茶 차 (다) (마시는)	少食 中夜飯하라。
避 피할 (피)	한밤중의 밥은 적게 먹어라。
風 : 전해오는 소박·내기 등	夷堅志 : 중국 宋나라 洪邁가 지은 說話集으로 事件이나 怪談을 收錄함.
(43)	荀子 曰
荀 풀이름 (순)	순자가 말하기를
辯 말씀 (변)	無用之辯과
急 급할 (급)	쓸데없는 말과
察 살필 (찰)	不急之察을
棄 버릴 (기)	급하지 않은 살핌은 (일은)
而 말이을 (이)	棄而勿治니라。
治 다스릴 (치)	내버려 두고 참견하지 말아라。
	荀子 : 이름은 況、전국시대 末期人으로 '性惡說'을 主張、有名해짐.
(44)	子 曰
	공자께서 말씀하시기를

衆 무리 ㊥	衆이 好之라도 必察焉하며
好之 : (좋다 함)	여러 사람이 '좋다'고 해도 반드시 살필것이며
惡(오)之 :	衆이 惡之라도 必察焉이니라。
(나쁘다 함)	여러 사람이 '나쁘다' 해도 반드시 살필지니라。
察 : 觀察	(남의 말들이 정말 옳은지? 틀린지를 자신이 판단할것이요. 들리는 대로 믿어선 아니 된다는 교훈임)
㊺	酒中不語는 眞君子요
酒中 : 醉中	술에 취하고도 술주정 않는이는 참 군자요
不語 : 말이 없음	財上分明은 大丈夫니라。
丈 어른 장인 장부 ㊥	財物(또는 金錢) 去來함에 있어 셈이 분명하고 약속을 잘지키는 자는 대장부다。
夫 남편 장부 ㊥	
㊻	萬事從寬이면
從 좇을 ㊥	모든일을 너그럽게 좇아 처리하면
寬 너그러울 ㊥	其福自厚니라。
厚 두터울 ㊥	받는 복이 자연 두터워 지리라。

㊼	太公이 曰
太公 : 姜太公	태공이 말하기를
量 헤아릴 저울질할 ㉣	欲量他人인대
	남을 헤아려 보려거든
須 모름지기 ㉦	先須自量하라
傷 다칠 상할 ㉧	먼저 반드시 자신을 헤아려보라.
還 돌아올 되돌릴 ㉩	傷人之語는
	남에게 상처주는 말은
含 머금을 ㉭	還是自傷이니
自 : 自己	도리어 자신을 상하게 하나니
噴 뿜을 ㉥	含血噴人이면
汚 더러울 ㉤	입으로 피를 머금어 남에게 뿜는다면
其口 : 피를 머금은 입.	先汚其口니라。
	먼저 그 입이 더러워 지느니라。

⑷⑻	凡戲는 無益이오
戲 희롱할 놀 ㊁	모든 놀이는 도움이 되는 것이 없고
戱 = 俗字	惟勤이 有功이니라。
惟 오직 ㊅	오직 부지런한 것만이 成功의 길이 있느니라。
勤 부지런할 ㊃	勤則必成 怠則必敗
⑷⑼	太公이 曰
瓜 오이 (참외) ㊂	태공이 말하가를
納 드릴 ㊄	瓜田에 不納履오
履 신 밟을 ㊇	남의 오이밭에 신발을 들이지 말고
整 가지런히 할 ㊆	李下에 不整冠이니라。
冠 갓 ㊂	남의 오얏나무 아래에서는 갓을 바로하지 말것이니라。
整을 正으로 해도 可함	-他人으로부터 誤解살만한 일은 처음부터 하지 말라는 有名한 敎訓。

50	景行錄에 曰
逸 편안 (일)	경행록에 이르기를
形 형상 (형)	心可逸이언정
勞 수고로울 (노)	마음이 가히 편해지려면
道 도덕 (도)	形不可不勞요
樂 즐거울 (락)	형체(몸)는 가히 수고롭지 않을수 없고
憂 근심 (우)	道可樂이언정
怠 게으를 (태)	도(道)는 가히 즐거울지언정
惰 게으를 (타)	心不可不憂니
易 쉬울 (이)	마음은 가히 근심치 않을 수가 없나니
弊 해질 (폐)	形不勞則 怠惰易弊하고
荒 거칠 (황)	몸이 수고롭지 않으면 게을러져 쉽게 해지고
淫 음란할 (음)	心不憂則荒淫不定이라
定 정할 (정)	마음이 근심치 않으면 주색에 빠져 안정을 못하는지라.
	故로
	그러므로

常 항상 (상)	逸生於勞而常休하고
休 쉴 (휴) 가삐할	편안함은 수고로움에서 생겨 항상 기쁘고
厭 싫을 (염)	樂生於憂而無厭하나니
(厂 민엄호 12획)	즐거움은 근심하는데서 생겨 싫음이 없나니
豈 어찌 (기)	逸樂者는
忘 잊을 (망)	편안하고 즐거운 자는
乎 어조사 (호)	憂勞를 豈可忘乎아。
	근심과 수고로움을 어찌 가히 잊으리오。
(51)	耳不聞人之非하고
非 아닐 그르다 할 (비)	귀로는 남의 잘못함을 듣지 말고
短 짧을 (단)	目不視人之短하며
	눈으로는 남의 단점을 보지 말며
過 지날 허물 (과)	口不言人之過래야
	입으로는 남의 허물을 말하지 말아야

庶 무리 거의 (서)	庶幾君子니라。
幾 몇 거의 (기)	거의 군자라 할 수 있느니라。
庶幾 : 거의	'庶幾'는 '而已(…할따름)'와 같이 熟語 (이이)
(52)	蔡伯皆 曰
蔡 풀 姓 (채)	채백개가 말하기를
伯 맏이 백작 (백)	喜怒는 在心하고
皆 다 모두 (개)	기뻐하고 노여워 하는 것은 마음속에 있고
出 날 나올 생길 (출)	言出於口하나니
凵 위터진입구 部首 3획	말은 입에서 나와 모두가 듣고 알게되는 것이니
岀 = 俗字	不可不愼 이니라。
	가히 삼가하지 않을 수 없느니라。
	在心 : 마음속에 있을 뿐, 아직 표현되지 않았으므로 남이 알수없음.
	中庸에, 喜怒哀樂之未發을 謂之中이요, 發而皆中節을 謂之庸이라 하였음。

㊸53	宰予 - 晝寢이어늘
宰 재상 (재)	재여가 낮잠을 자거늘
予 나 (여)	子 - 曰
宰予 = 孔子 弟子	공자께서 말씀하기를
	朽木은 不可雕也요
晝 낮 (주)	썩은 나무는 조각할 수 없고
寢 잠잘 (침)	糞土之墻은
朽 썩을 (후)	분토로 더럽혀진 담은
雕 수리 (조) 새길	不可杇也니라。
論語에는 彫(새길조)로 되어 있으나 通用임.	흙손질(미장)할 수가 없느니라。
	宰予 : 春秋時代의 魯나라사람으로 字는 子我·宰我라고도 함. 孔門十哲의 한사람이며 子貢과 함께 言辯에 能하였음
糞 똥 (분) 墻 담 (장) 杇 흙손질 (오)	지금은 낮잠이 健康에 좋다고 모두들 권장하는 時代가 되었으나 한창 공부에 정진할 나이라면 責望을 들을만도 하겠다。

54 紫虛元君 誠諭心文

자허원군의 성유심문에

에 曰

이르기를

福生於 清儉하고

복은 청렴·검소한 데서 생기고

德生於 卑退하고

덕은 몸을 낮추고 겸손한데서 생기고

道生於 安靜하고

도(道)는 편안하고 고요한데서 생기고

命生於 和暢하니라.

생명은 화창한 데서 생기느니라.

憂生於 多慾하고

근심은 욕심이 많은데서 생기고

禍生於 多貪하고

재앙은 많이 탐하는 데서 생기고

紫 붉을 (자)

虛 빌 (허)

紫虛元君: 道家에서 높이는 女子神仙, 男子神仙은 '眞君'이라 함.

誠 정성 (성)

諭 깨우칠 (유)

誠諭心文: 정성껏 마음을 깨우치는 글。

儉 검소할 (검)

卑 낮출 (비)

暢 화창할 (창)

憂 근심할 (우)

貪 탐낼 (탐)

過 지날 허물 (과)	過生於輕慢하고
輕 가벼울 (경)	과실은 경솔하고 교만한데서 생기고
慢 거만할 (만)	罪生於不仁이니
罪 죄지을 (죄)	죄는 어질지 못한데서 생기나니
戒 경계할 (계)	戒眼하야 莫看他非하고
莫 말 (막)	눈을 경계하여 남의 잘못된것을 보지 말고
看 볼 (간)	戒口하야 莫談他短하고
短 짧을 (단)	입을 경계하여 남의 단점을 말하지 말고
嗔 성낼 (진)	戒心하야 莫自貪嗔하고
隨 따를 (수)	마음을 경계하여 탐내어 성내지 말고
伴 짝 (반)	戒身하야 莫隨惡伴하고
妄 망녕될 (망)	몸을 경계하여 나쁜 무리를 따르지 말고
干 방패 (간)	無益之言을 莫妄說하고
干與、干涉	아무 도움이 되지 않는 말을 함부로하지 말고
己 = 自己	不干己事를 莫妄爲하라
爲 = 行爲	나와 관계없는 일을 함부로 간여치 말라

尊 높을 (존)	尊君王孝父母하며
敬 공경 (경)	군왕을 높이고 부모님께 효도하며
奉 받들 (봉)	敬尊長奉有德하고
別 나눌 분별 다를 (별)	나이 많은이를 공경하고 덕있는이를 받들고
愚 어리석을 (우)	別賢愚恕無識하라
恕 용서 (서)	어진이와 어리석은이를 분별하고 무식한이를 용서하라
拒 막을 (거)	物順來而勿拒하고
既 이미 (기)	물건이 순리(順理)로 오거든 거절치 말고
追 쫓을 (추)	物既去而勿追하며
遇 만날 (우)	물건이 이미 떠나갔거든 뒤쫓지 말며
已 이미 (이)	身未遇而勿望하고
聰 귀밝을 (총)	몸이 아직 만나지 않은 것은 갈망치 말고
暗 어두울 (암)	事已過而勿思하라
昧 어두울 (매)	일이 이미 지났거든 생각을 말아라.
	聰明도多暗昧요
	총명한 사람도 우매할 때가 많고

算 셈할 (산) 便 편할 문득 (편) 損 덜릴 (손) 依 의지할 (의) 勢 형세 (세) 隨 따를 (수) 戒 경계 (계) 守 지킬 (수) 氣 기운 (기) 節 절약할 (절) 廉 청렴 (렴) 因 원인 (인) 位 벼슬 (위) 勸 권할 (권)	算計도 失便宜니라 계산을 잘 해도 틀릴때가 있느니라 損人終自失이오 남에게 손해끼치면 결국 자신의 손해요 依勢禍相隨라 세력에 의존하면 재앙이 서로 따르느니라 戒之在心하고 경계할 것은 마음에 있고 守之在氣라 지켜야 할 것은 기운에 있느니라 爲不節而亡家하고 절약하지 않음으로 해서 집안이 망하고 因不廉而失位니라 청렴하지 않음으로 인하여 벼슬을 잃느니라 勸君自警於平生하노니 그대에게 평생토록 스스로 경계하기를 권하노니

可歎可驚而可畏라

가히 탄식하고 가히 놀랍고 가히 두려운 바라

上臨之以天鑑하고

위로는 하늘이 거울처럼 내려다보고

下察之以地祇(기)라

아래로는 땅의 신령이 살피고 있느니라

明有三法相繼하고

낮에는 세가지 법이 있어 서로 이어가고

暗有鬼神相隨라

밤에는 귀신이 있어 서로 따르느니라

惟正可守요

오직 正道만을 가히 지킬 것이요

心不可欺니

良心을 가히 속이지 말것이니

戒之戒之하라。

(위의 가르침을)경계하고 또 경계하라。

- 歎 = 嘆 탄식할 ㉲탄
- 驚 놀랄 (경)
- 畏 두려울 (외)
- 鑑 거울 (감)
- 察 살필 (찰)
- 祇 땅귀신 (기)
- 繼 이을 (계)
- 鬼 귀신 (귀)
- 惟 = 唯 오직 (유)
- 守 지킬 (수)
- 欺 속일 (기)

6. 安分篇 (分數를 지켜 편안하여라)

⑤⑤	景行錄에 云하되
安 : 安住	경행록에 이르기를
分 : 分數로	知足 可樂이요
사람마다 각기	만족할 줄 알면 언제나 즐겁고
다름. (分福)	務貪則 憂니라.
足 발 족할 ㉠족	탐욕에 빠지면 항상 근심하게 되느니라.
貪 탐낼 ㉠탐	
憂 근심할 ㉠우	
⑤⑥	知足者는
貧 가난 ㉠빈	만족할 줄 아는 사람은
賤 천할 ㉠천	貧賤 亦樂이요
亦 또 ㉠역	가난하고 천하여도 또한 즐거웁고
不 : 音 ㉠부	不 知足者는
(頭音法則에	만족할 줄을 모르는 사람은
'不' 다음 ㄷ·ㅈ	富貴 亦憂니라.
이오면 '부'이다)	부자되고 귀히 되어도 또한 근심하느니라.

(57)	濫想은 徒傷神이요
濫 넘칠 (람)	지나친 생각은 다만 정신을 상하게 하고
想 생각 (상)	妄動은 反致禍니라。
徒 무리 한갓 (도)	망령된 행동은 도리어 화를 부르느니라。
致 이를 부를 (치)	
(58)	知足常足이면
足 넉넉할 발 (족)	만족할 줄을 알아 항상 만족해 하면
常 항상 (상)	終身不辱하고
辱 욕될 (욕)	종신토록 욕됨이 없을 것이요
止 그칠 멈출 (지)	知止常止면
大學 책 '止於至善' 지극한 선에 머무름	그칠줄을 알아 항상 그치면
恥 = 耻 부끄러울 (치)	終身無恥니라。
	종신토록 부끄러움이 없을 것이니라。

⑸⑼	書에 曰
書 = 書經	서경에 이르기를
滿 가득할 (만)	滿招損하고
招 부를 (초) (招來)	가득 차면 덜림을 부르고
謙 겸손 (겸)	謙受益이니라。
受 받을 (수)	겸손하면 보탬을 받느니라。
益 더할 (익)	- 月滿則虧 달도 차면 이지러진다.
	- 富貴而驕며 自遺其咎라.
⑹⓪	安分吟에 曰
吟 읊을 (음)	안분음에 이르기를
'安分' 분수를 지켜 安定함.	安分 身無辱이요
	분수지켜 안정하면 몸에 욕됨이 없고
'知機' = 낌새를 차려 기회를 놓치지 않음.	知機 心自閑이니
	機微(낌새)를 알면 마음이 자연 한가하니
人世上 = 人間世上	雖居人世上이나
	(그리만 한다면) 비록 인간세상에 살고 있으나

7. 存心篇 (바른 마음을 가져라)

却 도리어 (각) 물리칠	却是出人間이니라。
人間 = 人間世上	도리어 이 人間世上을 벗어나느니라。
	人間世上을 벗어나면 神仙世上이다。
61	景行錄에 云하되
坐 앉을 (좌)	경행록에 이르기를
密 빽빽 〃 (밀) 은밀할	坐密室을 如通衢하고
	밀실에 앉아있더라도 네거리와 통한듯이 하고
衢 네거리 큰거리 (구)	馭寸心을 如六馬면
馭 부릴 (어)	존심 제어하기를 여섯필의 말을 부리듯하면
寸心 : 작은 마음	可免過니라。
免 면할 (면)	가히 허물을 면할수 있느니라。
過 허물 (과)	- 아무도 없는 密室에 앉아 있어도 네거리에 나와 있는 듯이 여럿이 보고
-몸가짐 마음가짐을 이와 같이하라.	있겠구나 생각하고, 내 마음 하나 지키기를 '벤허'가 여섯필의 말을 부리듯이 하여야 허물을 면한다는 말.

⑥②	擊壤詩에 云하되
擊 칠 (격)	격양시에 이르기를
壤 흙덩이(양)	富貴를 如將智力求ㄴ대
宋나라의	부귀를 만약 장차 지혜의 힘으로 얻을수 있다면
邵雍이지은	仲尼도 年少合封侯리라
詩로 農事일	중니(공자)는 젊은 나이에 제후에 봉해졌을것이라
을 권장·위로	世人은 不解青天意하고
하였음	세상사람들은 푸른하늘의 뜻을 풀지 못하고
仲尼 : 孔子	空使身心半夜愁니라。
의 字.	공연히 몸과 마음으로 하여금 밤의 반을
封 봉할 삼을 (봉)	근심으로 지내느니라。
侯 제후 (후)	
解 풀을 (해)	– 擊壤은 흙덩이를 호미등 연장으로 치는
意 뜻 (의)	것이니, 農夫歌로서. 孔子같이 지혜
空 빌 (공)	많은 이도 벼슬다운 벼슬 못하고 사는데
使 하여금 (사)	우리네 농민도 머리가 나빠 농사일을
愁 근심 (수)	하는게 아니라는 自慰의 노래.
	世上事가 이럴진대 自己分數 外의
	고민으로 밤잠을 설칠 이유가 없음을 말함。

63	范忠宣公이
范 풀이름 범 姓氏	범충선공이
宣 베풀 선 펼	戒子弟曰
范忠宣公 :	자제를 훈계하여 말하기를
北宋 哲宗때	人雖至愚나
의 宰相으로	사람들이 비록 지극히 어리석으나
名은 純仁.	責人則明하고
諡號는 忠宣.	남을 꾸짖는 데는 밝고
爾 너 이	雖有聰明이나
曹 무리 조	비록 총명함이 있다 하나
※	恕人則昏이니
市中의 册마다 「恕己則昏」	남을 용서하는 데는 어두우니
으로 잘못表記 되어 있어	爾曹는 但當以
「恕人則昏」	너희들은 항상 마땅히
으로 바로잡음	責人之心으로 責己하고
	남을 꾸짖는 마음으로 자신을 꾸짖고

責 꾸짖을 (책) 恕 용서 (서) 患 근심 (환) 到 이를 (도) 聖 = 聖人 賢 = 賢人	恕己之心으로 恕人則 자신을 용서하는 마음으로 남을 용서한다면 不患不到 성현의 지위에 이르지 못하였음을 聖賢地位也니라。 근심 할 것이 없느니라。 —素書 : 秦나라 末期의 兵家인 黃石公이 張良에게 전해 준 兵書 이름.
(64) 聰 귀밝을 (총) (아이큐를 말함) 睿 재주있을 (예) 守 = 守身 愚 어리석을 (우) 被 입을 (피) 당함·끼침	子 - 曰 공자께서 말씀하기를 聰明思睿라도 총명하고 생각이 뛰어나더라도 守之以愚하고 자신의 몸가짐을 어리석은 듯이 하여야 하고 功被天下라도 공이 천하에 미쳤다 하더라도

守 지킬 ㊉수	守之以讓하고
讓 사양 ㊉양	사양하는 마음으로 지켜야 하고
勇 용맹할 ㊉용	勇力振世라도
力 힘 ㊉력 世 세상 ㊉세	용맹스런 힘이 천하에 떨쳐 있어도
振 떨칠 ㊉진	守之以怯하고
怯 겁낼 ㊉겁	겁내는 마음으로 지켜야 하고
謙 겸손 ㊉겸	富有四海라도
※ 世界 第一의	천하를 소유한 부자라 하더라도
부자 '빌게이츠'가 겸손타하여	守之以謙이니라。
第二의 부자	겸손한 마음으로써 지켜야만 하느니라。
'워런 버핏'이 自己재산을	
잘 써달라 마낌.	
㊀65	素書에 云하되
素 흴 바탕 ㊉소	소서에 이르기를
薄 엷을 ㊉박	薄施厚望者는 不報하고
厚 두터울 ㊉후	작게 베풀고서 크게 바라는 자에게는

(하늘의) 보답이 없고

忘 잊을 (망) 賤 천할 (천) 久 오랠 (구)	貴而忘賤者는 不久니라。 자신이 귀하게 되고서 천했던 때를 잊은 사람은 富가 오래가지 못하느니라。
(66) 施 베풀 (시) 恩 은혜 (은) 與 줄 (여) 追 쫓을 (추) 悔 뉘우칠 (회)	施恩이어든 勿求報하고 은혜를 베풀었거든 갚기를 바라지 말고 與人이어든 勿追悔하라。 남에게 주었거든 아깝다 후회하지 말라。 追越、追放、追憶、追徵
(67) 邈 멀 아득할 (막) 膽 쓸개 (담) 圓 둥글 (원) 方 = 方正함	孫思邈이 曰 손사막이 말하기를 膽欲大而心欲小하고 膽力은 크고자 하되 마음가짐은 작게 하고 知欲圓而行欲方이니라。 지혜는 둥글고자 하되 행동은 절도있고 똑바라야 하느니라。

⑥⑧	念念要如臨戰日하고
念念과	조심하고 조심하기를 싸움터에 나가는 날 같이 하고
心心은 再次强調.	心心常思過橋時니라。
戰 싸움 ㉠전	마음과 마음은 항상 외나무다리(돌다리)
橋 다리 ㉠교 (橋梁)	건널 때와 같이 해야 하느니라。
⑥⑨	懼法朝朝樂이요
懼 두려울 ㉠구	법을 두려워 하면 아침마다 즐거웁고
法 법 ㉠법	欺公日日憂니라。
欺 속일 ㉠기	공정히 해야 할 일을 속이면 날마다
公 공변될 ㉠공	근심하게 되느니라。
	公 = 國家·社會·團體와 관련된것.
	나 혼자만의 것이 아닌것.
⑦⓪	朱文公이 曰
甁 병 ㉠병 (유리병)	주문공(朱子)이 말하기를
防 막을 ㉠방	守口如甁하고 防意如城하라。
防備. 지킴	입지키기를 병마개 틀어막듯 하고
	마음 지키기를 성을 지키듯이 하라。

71	心不負人이면
負 1.질 (부) (등에 짐을 짐)	마음으로 남에게 지지 않으면
2.질 (부) (싸움에서 짐)	面無慙色이니라。
3.저버릴 (부) (은혜를 잊음)	얼굴에 부끄러운 빛이 없느니라。
面 낯 (면)	1、爽氣(수줍어하지 않는 활발한 기운)가 없는 사람은 마음으로 남에게 미리부터 져서 大衆앞에서 自己紹介도 떨려 못하고, 노래는 더욱 自信없이 하며、
慙 부끄러울 (참)	부끄럽고 쑥스러워 얼굴이 벌개지는 사람에게 勇氣를 주기 위한 敎訓이다。
色 빛 (색)	
氣 기운 (기)	2、'負人'을 '남을저버리다'로 解析、
衆 무리 (중)	「은혜입은 사람을 마음으로 저버리지
介 소개할 (개)	않으면, 얼굴에 부끄러운 빛이 없느니라」
紹 소개할 (소)	卽 은혜를 입었는데 아무 보답도 않고 마음으로 지워버렸다면 그 恩人을
勇 용감할 (용)	길에서 갑자기 만나게 됐을때 얼굴에
解 풀 (해)	慙色을 띠게 된다는 것이다。
析 풀 (석)	負 貝/2 字의 用例: 1. 負戴(등에지고 머리에 임) 2. 勝負(싸워서 이기고 짐)
	3. 負傷(상처를 입음) 4. 負債(빚을 짐)

5. 負負無可言(부끄러워 말을 못함)

(72)	人無百歲人이나
百 일백 (백)	사람이 백살을 사는 사람이 없으나
歲 해 나이 (세)	枉作千年計니라.
枉 굽을 헛되이 (왕)	헛되이 천년의 계획을 세우느니라.
計 셀 꾀 (계)	- 現在는 百歲時代라 하나 옛날에는 '人生七十古來稀'라 했다.
(73)	寇萊公六悔銘에 云하되
寇 도둑 원수 (구)	구래공 육회명에 이르기를
萊 쑥 (래)	官行私曲失時悔요
悔 뉘우칠 (회)	관리가 부정을 행하면 실직할때 후회하고
銘 새길 (명)	富不儉用貧時悔요
私 사사 (사)	부자가 아껴쓰지 않으면 가난해질때 후회하고
曲 굽을 (곡)	藝不少學過時悔요
儉 검소 (검)	재주를 젊었을때 안배우면 지난때에 후회하고
藝 재주 (예)	見事不學用時悔요
過 지날 (과)	일을 보고서도 배우지 않으면 쓰게되었을 때에 후회하고

醉 술취할 취 狂 미칠 광 醒 술깰 성 將 장차 장 息 쉴 식	醉後狂言醒時悔요 술에 취해 미친듯 말하면 깨었을때 후회하고 安不將息病時悔니라. 몸이 성했을때 휴식을 취하지 않으면 병들었을때에 후회하느니라.
(74)	益智書에 云하되 익지서에 이르기를
寧 편안 차라리 (녕) 茅 띠풀 (모) 住 머무를 (주) 屋 집 (옥)	寧無事而家貧이언정 차라리 아무 사고 없이 집이 가난할지언정 莫有事而家富요 사고 치면서 집이 부자되지 말것이요 寧無事而住茅屋이언정 차라리 아무런 사고 없이 초가에 살지언정 不有事而住金屋이요 사고 치면서 좋은 집에서 살지 말것이요

寧無病而食麤飯이언정

차라리 아무 병이 없이 거친 밥을 먹을지언정

不有病而服良藥이니라。

병을 얻고서 좋은 약을 먹으려 말지니라。

- 麤 거칠 대강 (추)
- 飯 밥 (반)
- 服 먹을 (복)
- 良 어질 (량)
- 藥 약 (약)

75

心安茅屋穩이요

마음이 편안하면 초가집도 평온하고

性定菜羹香이니라。

성품이 안정되면 나물국도 향기로우니라。

- 茅 띠풀 (모)
- 穩 평온할 온화할 (온)
- 菜 나물 (채)
- 羹 국 (갱)

76

景行錄에 云하되

경행록에 이르기를

責人者는 不全交요

남을 잘 꾸짖는 자는 온전한 사귐을 못하고

- 錄 기록할 (록)
- 責 꾸짖을 (책)

恕 용서 ㉠서	自恕者는 不改過니라。
過 허물 ㉠과	자신의 잘못을 스스로 용서하는 자는 허물을 고치지 못하느니라。
(77)	夙興夜寐하야
夙 일찍 ㉠숙	아침일찍 일어날때부터 밤이 늦어 잠들때까지
興 일어날 ㉠흥	所思忠孝者는
寐 잠잘 ㉠매	부모님께 효도하고 임금에게 충성하는 자는
飽 배부를 ㉠포	人不(부)知나 天必知之요
煖 따뜻할 ㉠난	사람들은 알지 못하나 하늘이 반드시 알것이요
	飽食煖衣하야
怡 기쁠 ㉠이	배불리 먹고 따뜻하게 잘 입고서
衛 지킬 ㉠위	怡然自衛者는
雖 비록 ㉠수	안락하게 제 몸만 보호하는 자는
	身雖安이나
	몸은 비록 편안할지 모르나

孫 손자 (손)	其如子孫에 何오
何 어찌 (하)	그 자손들은 어찌 할 것인가?
(78)	以愛妻子之心으로
妻 아내 (처)	아내와 자식을 사랑하는 마음으로써
事 섬길 (사)	事親則 曲盡其孝오
親 어버이 (친)	어버이를 섬기다면 그 효도가 극진할것이오
曲 굽을 (곡)	以保富貴之心으로
盡 다할 (진)	부귀를 보전하는 마음으로 써
曲盡: 힘껏 다함	奉君則 無往不忠이오
	임금을 받든다면 어디에서도 불충치 않을 것이오
往: 어느나라에 가든지	以責人之心으로
寡 적을 (과)	남을 책망하는 마음으로 써
過 허물 (과)	責己則 寡過오
	자기를 책망한다면 허물이 적을것이오

恕 용서 서	以恕己之心으로
己 몸 기 (自己)	자기를 용서하는 마음으로써
交 사귈 교	恕人則 全交니라.
	남을 용서한다면 사귐을 온전히 할 수 있을 것이니라.
79.	爾謀不藏이면
爾 너 (이)	네가 꾀한 일을 숨기지 못하고 탄로 난다면
謀 꾀할 (모)	悔之何及이며
藏 감출 (장)	뉘우친들 무엇할 것이며
悔 뉘우칠 (회)	爾見不長이면
長 : 成長	너의 소견(見聞)이 자라지 않는다면
敎 가르칠 (교)	敎之何益이리오
專 오롯 (전)	가르침을 받은들 무슨 도움이 되리오
背 등 (배)	利心專則 背道요
背叛·背信	이기심으로 가득차면 道는 무너질 것이요

私：私利 私慾
確：確實
滅：멸망할 ㊀멸

私意確則 滅公이니라。

사리사욕의 뜻이 확고한즉 公事를 망치게 될것이니라。

⑳80

生 날 ㊀생 만들
省 살필 ㊀성 덜어낼 ㊀생
俗 풍속 ㊀속
談 말씀 ㊀담
苦 쓸 ㊀고
錢 돈 ㊀전
得 얻을 ㊀득
已 이미 ㊀이

生事事生이요

일을 만들면 일이 생길것이요

省事事省이니라。

일을 덜면 일이 줄어들 것 이니라。

- 우리 俗談에 '긁어 부스럼'이란 말이 있다. 또한 '사서 苦生'이란 말도 있다.
'밑져야 本錢'이란 말도 있지만 '잘해야 本錢'이란 말도 있다.
不得已한 경우가 아니라면 일을 벌리지 않는 편이 훨씬 나을 때가 있다.
일을 만들어 일이 생긴다는 것은 대수롭지 않던 일이 크게 된다는 말이다.
일을 만드는 것보다 일을 더는 편이 훨씬 편할 것이다。

8. 戒性篇 (心性을 가다듬어라)

⑧①	景行錄에 云하되
戒 경계 조심할 (계)	경행록에 이르기를
	人性이 如水하야
性 성품 (성)	사람의 성품이 물과 같아서
傾 기울 (경)	水一傾則不可復이요
復 다시 (복) (부)	물은 한번 기울어지면 다시 되담을수 없고
縱 놓을 방종할 (종)	性一縱則不可反이니
	성품이 한번 방종하면 되돌릴 수 없나니
反 {돌이킬 뒤집을 돌아올 엎어질 되돌릴} (반)	制水者는
	물을 제어하려는 자는
	必以堤防하고
制 {법제 정할 만들} (제)	반드시 제방(둑)으로써 하여야 하고
	制性者는
	성품을 제어하려는 자는
禮 {예도 예법} (례)	必以禮法이니라。
	반드시 예법으로써 할지니라。

82	忍一時之忿이면
忍 참을 인	한때의 분함을 참으면
忿 분할 성낼 분	免百日之憂니라。
免 면할 면	백일의 근심을 면할 수 있느니라。
憂 근심할 우	
83	得忍且忍이요
得 얻을 득	참기를 터득했으면 또 참고
(攄得)	得戒且戒하라
(사물의 이치를 스스로 깨달아 아는 것)	경계함을 터득했으면 또 경계하라
	不忍不戒면
攄 펼 오를 터	참지도 못하고 경계하지도 못한다면
	小事成大니라。
	조그만 일을 크게 만드느니라。

84	愚濁生嗔怒는
濁 흐릴 (탁)	어리석고 못난(숙맥)이가 성을 내는 것은
嗔 성낼 (진)	皆因理不通이라
怒 성낼 (노)	모두 이치에 통달치 못한 때문이다
添 더할 (첨)	休添心上火하고
只 다만 (지)	마음위에 화(불길) 더하기를 그만두고
邊 갓 (변) (가장자리)	只作耳邊風하라
	다만 귓가에 스치는 바람결로 여겨라
炎 더울 (염)	長短은 家家有요
凉 서늘 (량)	길고 짧은 것은 집집마다 있는 일이고
涼: 正字	炎凉은 處處同이라
處 곳 (처)	더웁고 서늘함은 곳곳이 같으니라
實 열매 실제 (실)	是非無相實하야
究 궁리할 (구)	시비란 것이 본래 실상이 없는것이어서
竟 마침 (경)	究竟摠成空이니라。
摠 다 (총)	연구해 보아도 마침내는 모두 빈탕이니라。

85	子張이 欲行에
張 베풀 펼칠 ㉿장	자장이 장차 길을 여행하고자 하여
子張: 孔子 弟子	辭於 夫子할새
	스승 공자께 하직인사를 올릴때
欲 하고자할 욕	願賜一言하야
	원컨대 한마디 말씀을 내려주신다면
夫子: 스승님을 바쳐서 이른 말	爲修身之美하노이다.
	수신의 미덕으로 삼겠나이다.
願 원할 원	子ㅣ曰
賜 줄 사	공자께서 말씀하기를
아랫사람에게 내려줌. (下賜品)	百行之本이
	백가지 행실의 근본은
忍 참을 인	忍之爲上이니라
	참는 것이 으뜸이니라
何爲: 어떻게 함.	子張이 曰 何爲忍之닛고
	자장이 여쭙기를, 어떻게 참아야 합니까

天子： 天帝의 아들 이란 뜻으로 天命을 받아 天下를 다스리는 사람.(皇帝) 堯、舜、禹 湯、文、武 周公、傑、紂 秦始皇 등. (萬乘之國) 諸侯： 封建時代에 君主(天子)로 부터 받은 領土 와 領內에 사는 百姓을 다스리던 사람으로 公侯、君侯 列侯라고도 부름. (千乘之國)	子 - 曰 공자께서 말씀하기를 天子忍之면 國無害하고 천자가 참으면 나라에 해로움이 없고 諸侯忍之면 成其大하고 제후가 참으면 큰것(국가경영)을 이루고 官吏忍之면 進其位하고 관리가 참으면 그 벼슬이 올라가고 兄弟忍之면 家富貴하고 형제가 참으면 집이 부귀해지고 夫妻忍之면 終其世하고 남편과 아내가 참으면 평생 해로할 것이요 朋友忍之면 名不廢하고 친구간에 참으면 이름이 버려지지 않을것이요 自身이 忍之면 無禍害니라。 자신이 참는다면 재해가 없을것 이니라。

⑯86	子張이 曰
如何 :	자장이 다시 여쭈었다
질문(물어봄) 어떠한가? 어찌 됩니까? 왜그렇니까?	不忍則 如何 냇고
	만일 참지 않는다면 어찌 됩니까?
	子ㅡ曰
何如 :	공자께서 말씀하기를
어찌되든 어떻든 아무튼 어찌하여	天子不忍이면 國空虛하고
	천자가 참지 않으면 나라안이 빌것이요
	諸侯不忍이면 喪其軀하고
諸 모두 (제) 어조사 (저)	제후가 참지 않으면 그 몸을 잃게 되고
侯 제후 (후)	官吏不忍이면 刑法誅하고
喪 죽을 잃을 (상)	관리가 참지 않으면 형법에 걸려 죽게되고
軀 몸 (구)	兄弟不忍이면 各分居하고
吏 아전 (리)	형제끼리 참지 않으면 왕래끊고 살게되고
誅 벨 (주)	夫妻不忍이면 令子孤하고
	부부가 참지 않으면 자식을 외롭게 하고

情 뜻 ㉠정	朋友不忍이면 情意疎하고
意 뜻 ㉠의	친구간에 참지 않으면 정이 멀어지고
疎 트일 드물 상소할 ㉠소	自身이 不忍이면 患不除니라
	자신이 참지 않으면 근심이 떠나지 않으리라
疏 위의 正字	子張이 曰
疏外	자장이 감탄해 말하기를
疏通	善哉 善哉라
上疏	참 좋고도 훌륭하신 말씀이십니다
患 근심 ㉠환	難忍 難忍이여
除 덜 ㉠제	참기란 참으로 어렵고도 어려운 것이로군요
(없애버림)	
哉 어조사 ㉠재	非人이면 不忍이요
難 어려울 ㉠난	(그러하오나) 사람이 아니면 참지 못할 것이요
非 아닐 ㉠비	不忍이면 非人이로다.
	또한 참지 못한다면 사람이 아닐것입니다

⑧⑦	景行錄에 云하되
屈 굽을 굽힐 ㉮굴	경행록에 이르기를
處 곳 ㉮처	屈己者는 能處重하고
重 무거울 ㉮중	자신을 굽힐 줄 아는 자는 重厚히 處身할 수 있고
勝 이길 ㉮승	好勝者는 必遇敵이니라
遇 만날 ㉮우	이기기를 좋아하는 자는 반드시 적을 만나
敵 원수 ㉮적	게 되느니라.
⑧⑧	惡人이 罵善人커든
罵 꾸짖을 ㉮매	악한 사람이 선한 사람을 꾸짖거든
摠 = 總 다·모두 ㉮총	善人은 摠不對하라
閑 한가 ㉮한	선한 사람은 꼭 참고 대꾸하지 말아라
熱 더울 ㉮열	不對는 心淸閑이오
沸 끓을 ㉮비 용솟음할 ㉮불	대꾸하지 않는 사람은 마음이 청한할 것이오
	罵者는 口熱沸이라
	꾸짖는 자는 입이 열받아 끓어오르리라

唾 침뱉을 (타)	正如人唾天 하야
還 돌아올 (환)	이는 마치 누워서 하늘에 침 뱉는것 같아서
從 좇을 따를 (종)	還從其身墜 나라。
墜 떨어질 (추)	도로 자기 몸으로 좇아 떨어지리라。
(89)	我若 被人罵 라도
若 만약 (약)	내가 만약 남의 꾸짖음을 당하더라도
被 입을 (피)	佯聾 不分說 하라
佯 거짓 (양)	거짓 귀먹은 체하고 시비를 따지지 말라
聾 귀먹을 (롱)	譬如 火燒空 하야
譬 비유할 (비)	비유컨대 이는 불이 허공에서 타는것과 같아서
燒 불사를 (소)	不救 自然滅 이라
滅 멸망할 다할 (멸)	끄지 않아도 저절로 꺼지게 되어있느니라
等 무리 (등)	我心은 等虛空 이어늘
虛 빌 (허)	내 마음은 아무렇지도 않거늘

摠 : 總의 俗字	摠爾飜脣舌이니라。
爾 너 (이)	모두 너의 입술과 혀만이 번거로울 뿐이니라。
爻(점괘효) 部首 10획	飜 = 翻 나부낄 (번), 옮길 (번)
(90)	凡事에 留人情이면
凡 무릇 (범)	모든 일을 처리함에 인정을 남겨두면
留 머무를 (류)	後來에 好相見이니라。
後 뒤 (후)	뒷날 만났을 때 좋은 얼굴로 서로 보게 되느니라。
來 올 (래)	- 凡은 汎과 같으므로, '모든' '일반적으로'
汎 뜰 (범) (널리)	의 뜻을 갖는다. 留는 '머물다' '남기다' 의 뜻이다. 人情은 人心과 같으니 사랑하는 마음을 갖는 것이다.
決 판단할 결단 (결)	친지나 동료간에 生活하다 보면
吝 아낄 (린)	뒤 끝에 決算을 하게 되는데, 한푼
嗇 아낄 (색)	이라도 손해 안보려고 인색(吝嗇)해 질 수 있으니, 내가 더 부담하고 양보
象 코끼리 본뜰 (상)	하는 情을 베푼다면, 훗날 다시 보게 되었을 때, 좋은 人象 · 좋은 人事로 대하게 될 것이다。

9. 勤學篇 (부지런히 배우고 익혀라)

⑨①	子夏曰
勤 부지런할 ㉾	자하가 말하기를
博 넓을 (박)	博學而篤志하고
篤 도타울 (독)	널리 배워서 뜻을 두텁게 하고
切 간절히 절실히 (절)	切問而近思면
問 물을 (문)	간절히 물어서 생각을 가깝게 하면
矣 어조사 (의)	仁在其中矣니라.
	인(어짊)이 그 가운데에 있느니라.
	— 子夏는 孔子의 弟子. 通行本에는 子曰로 되어 있으나, 論語를 根據로 子夏로 고침.
⑨②	莊子曰
莊 장엄할 (장)	장자가 말하기를
	人之不學은
登 오를 (등)	사람이 배우지 않음은
術 꾀 (술)	如登天而無術하고
	하늘을 오르려 하나 꾀가 없는 것과 같고

智 지혜 ㊀지 遠 멀 (원) 披 헤칠 (피) 祥 상서로울 (상) 都 볼 (도) 望 바라볼 (망)	學而智遠이면 배워서 지혜가 원대해지면 如披祥雲而 상서로운 구름을 헤치고 覩靑天하고 푸른 하늘을 보는 것과 같고 登高山而望四海니라. 높은 산에 올라 四海를 바라보는 것과 같으니라.
(93) 禮 예도 (례) 琢 쫄을 (탁) 器 그릇 (기)	禮記에 曰 예(례)기에 말하기를 玉不琢이면 不成器요 옥은 쪼지 않으면 그릇을 만들수 없고 人不學이면 不(부)知義니라. 사람은 배우지 않으면 의를 알지 못하느니라.

⑨④	太公이 曰
太 클 (태)	태공이 말하가를
(太平洋)	人生不學이면
처음 (태)	사람이 살면서 배우지 않으면
(太 初)	如冥冥夜行이니라。
冥 어두울 (명)	어둡고 깜깜한 밤길을 걷는 것과
(冥福)	같으니라。
夜 밤 (야)	
⑨⑤	韓文公이 曰
韓 나라 (한)	한문공이 말하가를
襟 옷깃 (금)	人不通古今이면
	사람이 옛과 지금을 통하지 못하면
裾 옷뒷자락 (거)	馬牛而襟裾니라。
	말이나 소에 옷입혀 놓은 것과 같으니라。
	— 古는 먼 옛날도 있지만 어제도 古니
	近代역사、어제의 은혜를 생각해야 함。

96	朱文公이 曰
朱文公 :	주문공이 말하기를
文公은 謚號,	家若貧이라도
名은 熹로	집이 만약 가난하더라도
宋나라 學者	不可因貧而廢學이요
로서, 大學·	가난타해서 배움을 버릴수 없는 것이요
中庸의 序文을	家若富라도
지었으며	집이 만약 부유하더라도
四書三經에	不可恃富而怠學이니
註를 달았으니	부유함을 믿고 배움을 게을리 할수 없으니
後學에	貧若勤學이면
끼친 功이 크다.	가난할지라도 만약 부지런히 배운다면
廢 버릴 (폐)	可以立身이요
恃 믿을 (시)	가히 立身은 할 수 있을 것이요
怠 게으를 (태)	富若勤學이면
	부유하면서 만약 부지런히 배운다면

乃 이에 (내)	名乃光榮하리니
榮 영화 (영)	이름이 이에 빛나고 영화를 얻으리니
惟 오직 (유)	惟見學者顯達이요
顯 나타날	오직 배운사람이 현달하는 것은 보았고
(현)	不見學者無成이니라
達 통할 (달)	배운자가 성공치 못함은 보지 못하였느니라
寶 보배 (보)	學者는 乃身之寶요
	배움이란 이에 몸의 보배요
珍 보배 (진)	學者는 乃世之珍이니라
光榮:	배움이란 이에 세상의 보배니라
빛나는 榮譽	是故로
君子:	
學問과 德이	이러므로
높고 行實이	學則乃爲君子요
바르며 品位	
를 갖춘 사람.	배우면 이에 군자가 될것이요
小人↔君子	不學則爲小人이니
	배우지 않으면 소인이 될것이니

宜 마땅 ㊥의	後之學者는
各 각각 ㊥각	뒷날의 배울 사람들은
(各者·各己)	宜各勉之니라。
勉 힘쓸 ㊥면	마땅히 각자가 힘써야 할것이니라。
97	徽宗皇帝曰
徽 아름다울	휘종황제가 말하기를
㊥휘	學者는 如禾如稻하고
標旗 ㊥휘	배운사람은 벼와 같고 곡식과 같으며
宗 마루 ㊥종	不學者는 如蒿如草로다
(산마루) (꼭대기)	배우지 못한사람은 쑥과 같고 풀과 같도다
禾 벼(씨) ㊥화	如禾如稻兮여
稻 벼 ㊥도 (논에 있는)	벼와 같고 곡식과 같음이여
蒿 쑥 ㊥고	國之精糧이요
	나라의 좋은 양식이요

草 풀 ㉰(초)	世之大寶로다
兮 어조사 (혜)	세상의 큰 보배로다
耕 밭갈 (경)	如蒿如草兮여
憎 미워할 (증)	쑥과 같고 풀과 같음이여
嫌 싫어할 (혐)	耕者憎嫌하고
	밭가는 사람이 싫어하고
鋤 호미 (서) (없애 버릴)	鋤者煩惱니라
煩 번거로울 (번)	호미질 하는 사람을 괴롭게 하느니라
	他日面墻에
惱 고뇌할 (뇌)	훗날 담벼락에 부닥치게 되었을 때
墻 담 (장)	悔之已老로다。
悔 뉘우칠 (회)	뉘우쳐 본들 이미 늙었도다。
已 이미 (이)	
老 늙을 (노)	- 面墻 : 큰 벽을 對面한다는 뜻으로 앞이 아무것도 안 보일 것이다。
	- 已老 : 이미 늙었으니 어찌할 도리가 없다。

⑲⑧	論語에 曰
	논어에 말하기를
배우고 있는 冊의 內容을 가볍이 여겨 배우기 前인 앞장(앞페지)을 넘겨보지 말고 겸손한 마음으로 이미 배운 뒷쪽을 잃지 않을까 두려워 하라는 뜻임.	學如不及하고
	배움은 미치지 못할 것 같이 하고
惟(오직유) 대신 猶(오히려유) 字를 쓴 冊도 있다.	惟恐失之니라.
	오직(배운 것을) 잃지나 않을까 두려워 할지니라.
	-'論語'는 四書의 하나로 孔子의 말과 行動을 記錄한 儒敎의 經典으로서, 孔子의 思想인 仁과 道德·政治·敎育에 對한 意見을 총 7권 20편에 收錄되어 있는데 그 첫 句節이 '學而時習之면 不亦說(悅)乎아'이다. 卽 '배우고 이것을 때때로 익히면 또한 기쁘지 않으랴'라 했듯이 孔子는 배운다(學)는 것을 가장 基本으로 삼고 있음을 알 수 있으니 本文章도 배움을 强調하였다.

10. 訓子篇 (자손을 잘 가르쳐라)

(99)	景行錄에 云하되
賓 손님 (빈)	경행록에 이르가를
客 손님 (객)	賓客不來면 門戶俗하고
戶 지게 (호)	손님이 찾아오지 않으면 집안이 속되고
(문틀)	詩書無敎면 子孫愚니라.
俗 풍속 (속)	시서를 가르치지 않으면 자손이 어리석어
저속할 (低俗)	지느니라.
愚 어리석을 (우)	
(100)	莊子 曰
莊 장자 (장)	장자가 말하가를
엄할	事雖小나 不作이면 不成이요
雖 비록 (수)	일이 비록 작더라도 하지않으면 이룰수없고
成 이룰 (성)	子雖賢이나 不敎면 不明
敎 가르칠 (교)	자손이 비록 영리하더라도 가르치지않으면
	현명해지지 않느니라.

101

漢書에 云하되

한서에 이르기를

黃金滿籯이

황금이 상자에 가득하더라도

不如敎子一經이요

자손에게 경서한권 가르침만 못하고

賜子千金이

자손에게 천금을 주는 것이

不如敎子一藝니라.

자손에게 기술 한가지 가르쳐 주느니만 같지 못하니라.

漢 나라 (한)
黃 누를 (황) (노랑색)
籯 광주리 (영)
賜 줄 (사)
藝 재주 (예)
漢書: 前漢의 歷史를 記錄한 책.

102

至樂은 莫如讀書요

지극한 즐거움은 책을 읽는 것만한 것이 없고

至要는 莫如敎子니라.

지극히 중요함은 자식 가르치는 것만 한 것이 없느니라.

至 지극할 (지)
要 중요할 (요)

103	呂滎公이 曰
呂 등뼈 풍류 姓 ㉯	여형공이 말하기를
	內無賢父母하고
滎 물이름 ㉻	집안에 현명하신 부모가 아니계시고
嚴 엄할 ㉰	外無嚴師友而
師 스승 ㉱	집밖에 엄한 벗과 스승이 없고서도
鮮 드물 고울 ㉲	能有成者 鮮矣니라。
	능히 성공할 수 있는자 드무니라。
	— 呂滎公 : 北宋의 학자로 名은 希哲, 字는 原明으로 滎國公에 封함을 받음.
104	太公이 曰
頑 완고할 ㉳	태공이 말하기를
愚 어리석을 ㉴	男子失敎면 長必頑愚하고
	남자가 배울기회를 놓지면 커서 반드시 완우하고
麁 거칠 ㉵	女子失敎면 長必麁疏니라。
疏 성길 ㉶	여자가 배울기회를 놓지면 커서 반드시 추소하니라。

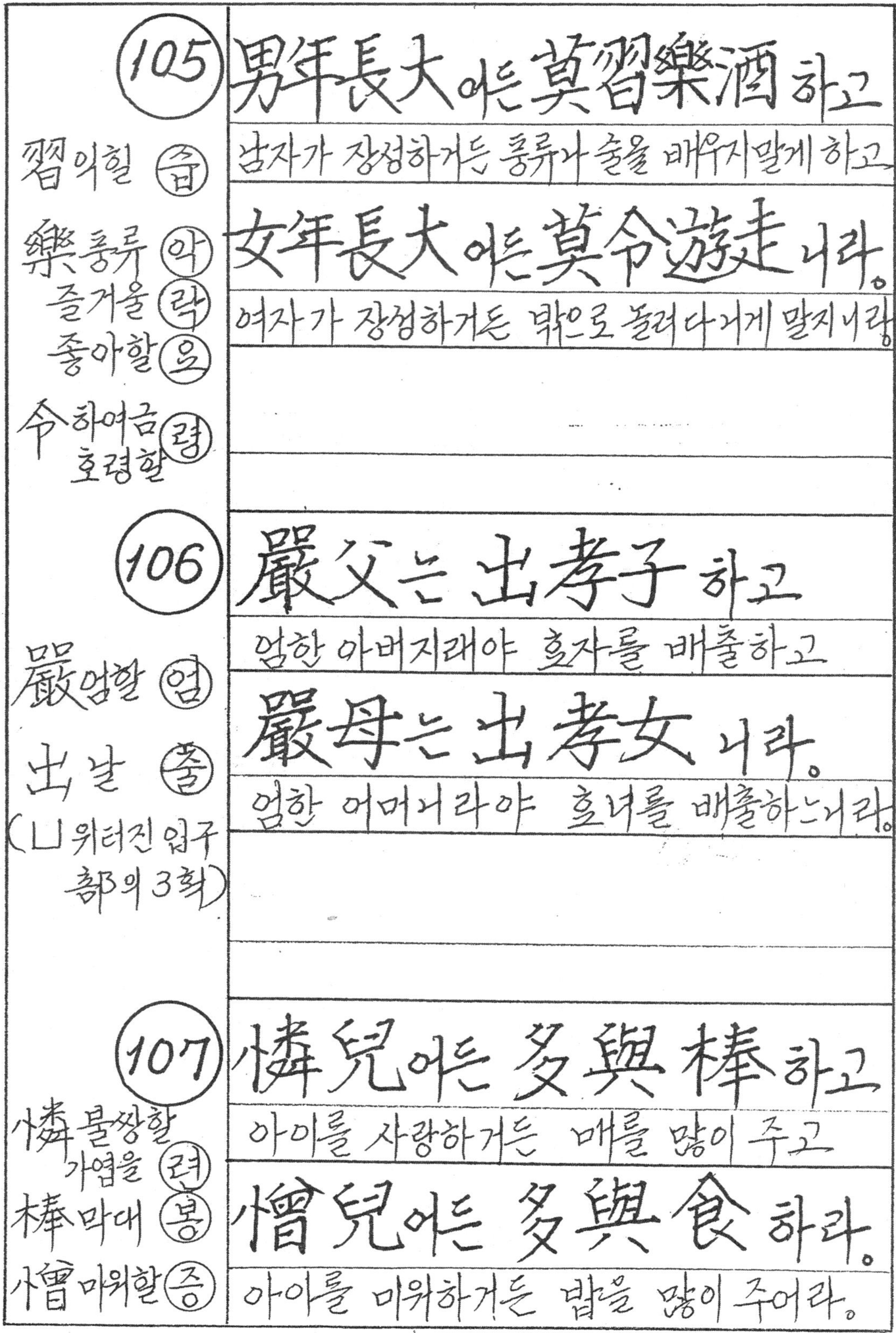

105 男年長大어든 莫習樂酒하고

남자가 장성하거든 풍류나 술을 배우지말게 하고

女年長大어든 莫令遊走니라。

여자가 장성하거든 밖으로 놀러다니게 말지니라。

- 習 익힐 (습)
- 樂 풍류 (악), 즐거울 (락), 좋아할 (요)
- 令 하여금, 호령할 (령)

106 嚴父는 出孝子하고

엄한 아버지래야 효자를 배출하고

嚴母는 出孝女니라。

엄한 어머니라야 효녀를 배출하느니라。

- 嚴 엄할 (엄)
- 出 날 (출) (凵 위터진입구 部의 3획)

107 憐兒어든 多與棒하고

아이를 사랑하거든 매를 많이 주고

憎兒어든 多與食하라。

아이를 미워하거든 밥을 많이 주어라。

- 憐 불쌍할, 가엾을 (련)
- 棒 막대 (봉)
- 憎 미워할 (증)

11、省心篇(上)(마음을 살펴라)

(108)	人皆愛珠玉이나
省 살필 (성)	남들은 모두 주옥을 사랑하나
덜 (생)	我愛子孫賢이니라。
愛 사랑 (애)	나는 자손이 어진 것을 사랑하느니라。
珠 구슬 (주)	
賢 어질 (현)	
(109)	景行錄에 云하되
貨 재화 재물 (화)	경행록에 이르기를
盡 다할 (없어짐) (진)	寶貨는 用之有盡이나
	보배와 재물은 쓰면 다할때가 있으나
享 누릴 (향)	忠孝는 享之無窮이니라。
窮 다할 궁색할 (궁)	충성과 효도는 누릴수록 다함이 없느니라。
(110)	家和貧也好어니와
	가정이 화목하면 가난해도 즐겁거니와

貧也好 : 가난해도 좋다.	不義富如何오
不義 : 의로움이 없음.	의롭지 못하면 부자인들 무엇하리오
如何 어찌할고	但存一子孝면
但 다만 ㊀단	다만 효도하는 아들 하나면 족하니
多 많을 ㊀다	何用子孫多리오
	자손이 많음을 어디다 쓰리오.
(111)	父不憂心은 因子孝요
憂心 : 근심하는 마음.	아버지가 근심치 않음은 자식이 효도하기 때문이요
煩 번거로울 ㊀번	夫無煩惱는 是妻賢이라
惱 고뇌할 ㊀뇌	남편이 번뇌치 않음은 아내가 어질기 때문이라
斷 끊을 ㊀단	言多語失은 皆因酒요
疏 성글 ㊀소	말이 많고 말 실수함은 모두가 술 때문이요
只 다만 ㊀지	義斷親疏는 只爲錢이니라.
	의가 끊어지고 친함이 멀어짐은 모두가 돈 때문이니라.

(112)	旣取非常樂이어든
旣 이미 (기)	이미 떳떳치 못한 즐거움을 취했거든
取 취할 (취)	須防不測憂니라.
須 모름지기 (수)	모름지기 헤아리지 못할 근심이 올것을 방비할 지니라.
測 헤아릴 (측)	
(113)	得寵思辱하고
寵 사랑할 (총)	총애를 받으면 곁에서 시기하는자 있고
辱 욕될 (욕)	安居慮危니라.
慮 생각 (려)	평안히 살때라도 위험이 있을 것을 염려할 지니라.
危 위태할 (위)	
(114)	榮輕辱淺이요
淺 얕을 (천)	영화가 가벼우면 욕됨도 얕고
深 깊을 (심)	利重害深이니라.
	이(利:리)가 무거우면 해(害)도 깊으니라.

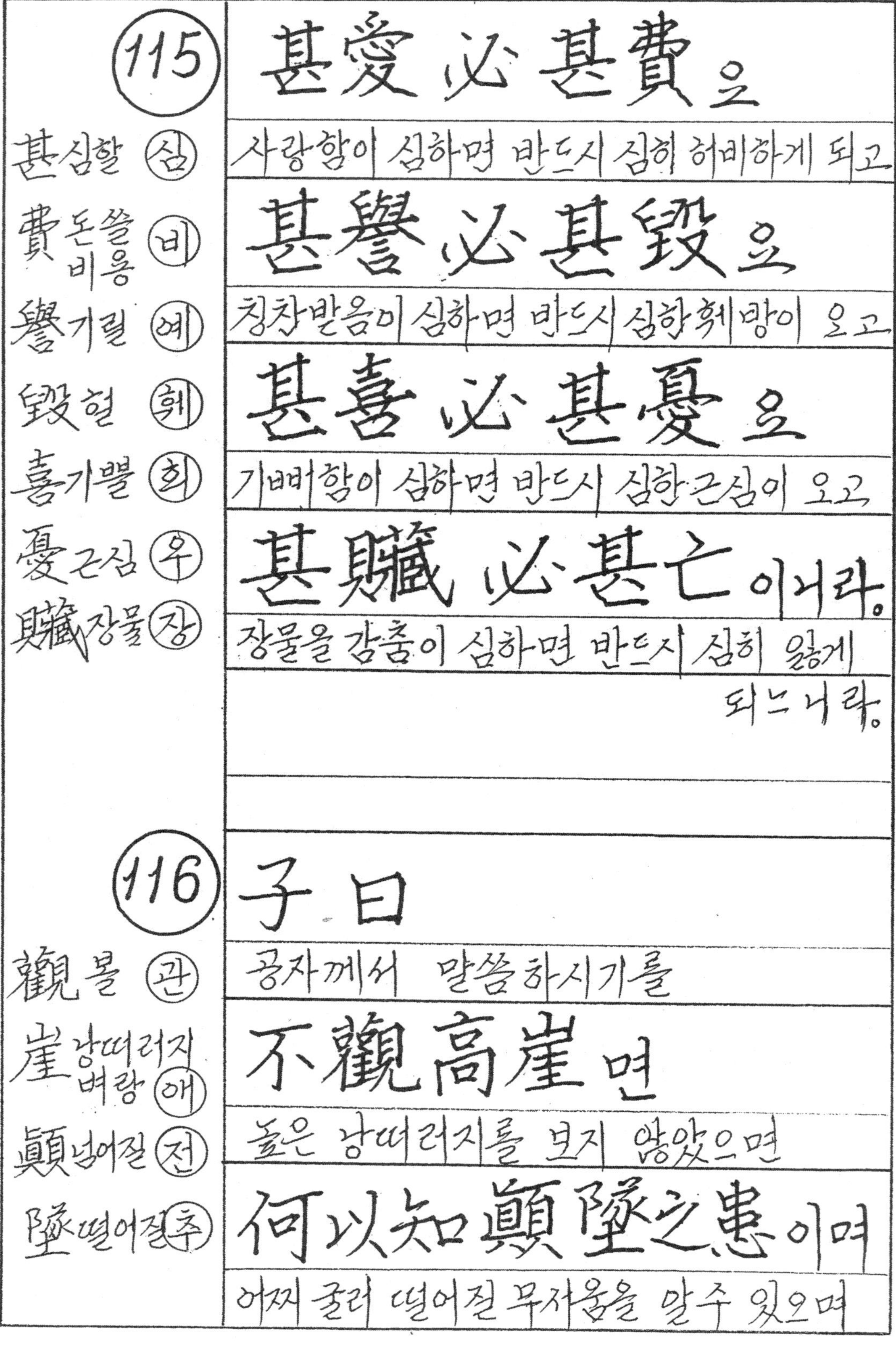

115

甚愛 必甚費오

사랑함이 심하면 반드시 심히 허비하게 되고

甚譽 必甚毁요

칭찬받음이 심하면 반드시 심한 훼방이 오고

甚喜 必甚憂요

기뻐함이 심하면 반드시 심한 근심이 오고

甚贓 必甚亡이니라.

장물을 감춤이 심하면 반드시 심히 잃게 되느니라.

甚 심할 (심)
費 돈쓸 비용 (비)
譽 기릴 (예)
毁 헐 (훼)
喜 기쁠 (희)
憂 근심 (우)
贓 장물 (장)

116

子曰

공자께서 말씀하시기를

不觀高崖면

높은 낭떠러지를 보지 않았으면

何以知顚墜之患이며

어찌 굴러 떨어질 무서움을 알 수 있으며

觀 볼 (관)
崖 낭떠러지 벼랑 (애)
顚 넘어질 (전)
墜 떨어질 (추)

臨 임할 (림) (다다름) (도착함)	不臨深泉이면
	깊은 샘에 가지 않았다면
泉 샘 (천)	何以知沒溺之患이며
沒 빠질 (몰)	어찌 빠져죽는 두려움을 알수 있으며
溺 빠질 (익)	不觀巨海면
觀 볼 (관)	큰 바다를 보지 않았다면
巨 클 (거)	何以知風波之患이리오.
波 물결 (파)	어찌 풍파의 환난이 있다는 것을 알수 있으리오.
(117)	欲知未來인대
欲 하고자할 (욕)	미래를 알고자 할진대
察 살필 (찰)	先察已然이니라.
	먼저 이미 그러했던 바를 살필지니라.
已 이미 (이)	
然 그러할 (연)	ㅡ 닥쳐올 일이 궁금하고 걱정돼 점을보나 本文章대로 이미 지난바를 살필것이다.

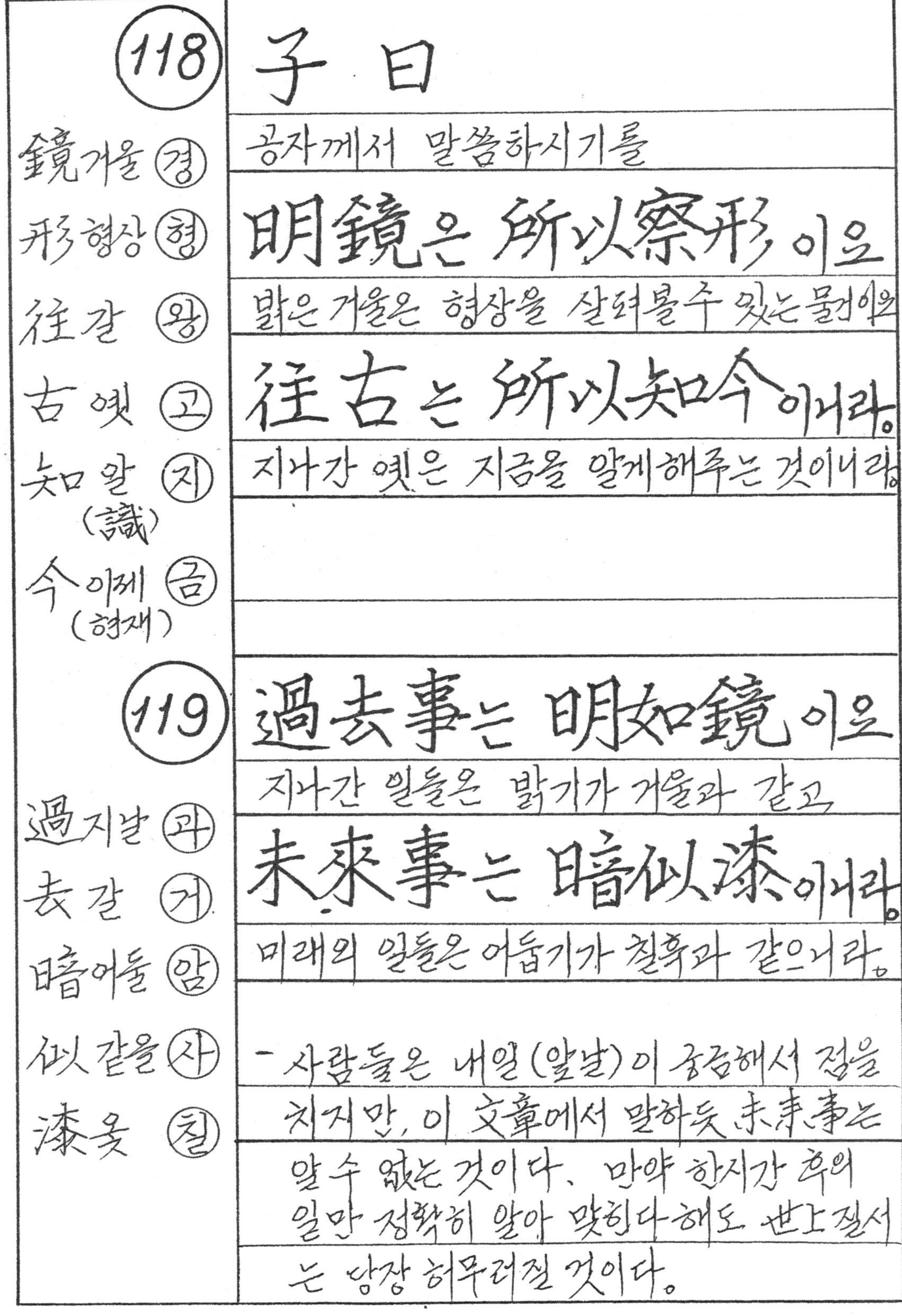

(118) 子曰

공자께서 말씀하시기를

明鏡은 所以察形이요

밝은 거울은 형상을 살펴볼수 있는 물건이요

往古는 所以知今이니라。

지나간 옛은 지금을 알게해주는 것이니라。

鏡 거울 (경)
形 형상 (형)
往 갈 (왕)
古 옛 (고)
知 알 (지) (識)
今 이제 (금) (현재)

(119) 過去事는 明如鏡이요

지나간 일들은 밝기가 거울과 같고

未來事는 暗似漆이니라。

미래의 일들은 어둡기가 칠흑과 같으니라。

－ 사람들은 내일(앞날)이 궁금해서 점을 치지만, 이 文章에서 말하듯 未來事는 알수 없는 것이다、 만약 한시간 후의 일만 정확히 알아 맞힌다 해도 世上질서는 당장 허무러질 것이다。

過 지날 (과)
去 갈 (거)
暗 어둘 (암)
似 같을 (사)
漆 옻 (칠)

(120)	景行錄에 云하되
明朝: 내일 아침	경행록에 이르기를
	明朝之事를
薄暮:	내일 아침에 일어날 일을
엷을(박) 저물(모) 해가지고 난후 어둡기 前까지	薄暮에 不可必이오
	오늘 저물녘에 가히 반드시 알수 없고
晡: 申時(포) 해저물무렵 午后 3시~5시	薄暮之事를
	오늘 저물녘의 일을
	晡時에 不可必이니라。
	오후 세 네시에 가히 알수가 없느니라。
	暫時後의 일 일지라도 절처 알수 없음을
	比喩的으로 일깨웠다。
(121)	天有不測 風雨하고
測 헤아릴(측)	하늘에는 헤아리지 못할 풍우가 있고
朝夕: 아침·저녁 수시로	人有朝夕 禍福이니라。
	사람은 아침 저녁으로 화와 복이 있느니라。

122	未歸 三尺土 하야
歸 돌아올 돌아갈 ㉮귀	석자의 흙으로 돌아가지 않았을 때는
難 어려울 (난)	難保百年身이요
保 보존할 (보)	몸을 백년 보존하기 어려웁고
已 이미 (이)	已歸 三尺土 하야
尺 자 (척)	이미 석자의 흙으로 돌아가서는
一尺 = 30cm	難保百年墳이니라.
墳 무덤 (분)	무덤을 백년 보존하기가 어려우니라.

123	景行錄에 云하되
養 食/8 기를 (양)	경행록에 이르기를
固 굳을 (고)	木有 所養則
枝 가지 (지)	나무가 기르는 바가 있은 즉
葉 잎새 (엽)	根本固而枝葉茂하야
茂 성할 (무)	뿌리가 튼튼하고 가지와 잎이 무성하여

棟 대들보 ㊀동
樑 대들보 량
材 재목 재
泉 샘 천
源 근원 원
壯 씩씩할 장
流 흐를 유
派 가닥 파
灌 물댈 관
漑 물댈 개
博 넓을 박
識 알 식
利 이로울 리
氣 기운 기
哉 어조사 재

棟樑之材 成하고
기둥과 대들보의 재목을 이루고

水有所養則
물이 기른 바 있은즉

泉源壯而流派長하야
샘의 근원이 튼튼하고 물길을 길게하여

灌漑之利 博하고
물을 끌어다 쓰는 이로움이 넓을 것이오

人有所養則
사람이 기른 바 있은즉

志氣大而識見明하야
뜻과 기상이 크고 지식과 견문이 밝아져서

忠義之士 出이니
충성되고 정의로운 선비로 輩出되리니

可不養哉아。
어찌 잘 키우지 않으리오。

(124)	自信者는 人亦信之하나니
吳 오나라 (오)	내가 먼저 남을 믿으면 남 또한 나를 믿으리니
越 월나라 (월)	吳越이 皆兄弟요
中國 戰國	오나라와 월나라끼리도 다 형제가 될것이요
時代 나라들로	自疑者는 人亦疑之하나니
吳王 '夫差'와	내가 먼저 남을 의심하면 남 또한 나를 의심하리니
越王 '句踐'이	身外 皆 敵國이니라.
서로 싸워 원수가	모든 사람들이 모두 적이 되느니라.
되니, 後世에	
원수지간을	
'吳越'이라 함.	- 吳越同舟 : 원수끼리 한배를 탔으니
	1. 서로 불편함. 2. 서로 사이좋게 지내기로 함.
(125)	疑人莫用하고
疑 의심 (의)	사람을 의심하려거든 쓰지를 말고
疑人 1. 사람을 의심함	用人勿疑니라.
2. 의심이 가는 사람	사람을 썼거든 의심하지 말지니라.

126

諷諫에 云하되

풍간이란 글에 이르기를

水底魚 天邊雁은

물밑의 고기와 하늘가의 기러기는

高可射兮底可釣어니와

높은것은 쏘고 낮은것은 낚시질하면 되거니와

惟有人心咫尺間에

오직 사람마음은 지척지간에 있으나

咫尺人心不可料니라。

그 지척의 거리에 있는 사람의 마음은 가히 헤아려 알 수가 없느니라。

- 諷 외울 (풍) (暗誦)
- 諫 간할 (간) (웃어른에 충고함)
- 雁 기러기 (안)
- 射 활쏠 (사)
- 釣 낚시할 (조)
- 咫 여덟치 (지)
- 尺 자 (척)
- 料 헤아릴 (료)
- 邊 변두리 (변)
- 底 밑 (저)

127

畫虎畫皮難畫骨이요

호랑이를 그리되 가죽은 그릴수있으나 뼈는 그리기 어렵고

知人知面不(부)知心이니라。

사람을 알되 얼굴은 알수 있으나 마음은 알수가 없느니라。

- 畫 그림 (화), 그을 (획)
- 骨 뼈 (골)

(128)	對面共話하되
對 마주할 (대)	얼굴을 마주하고 함께 이야기하되
共 함께 (공)	心隔千山이니라。
隔 막힐 (격)	마음과 마음 사이에는 천개의 산이 가로 막고 있느니라。
話 말씀 (화)	
(129)	海枯終見底나
海 바다 (해)	바닷물이 마르면 마침내 바닥이 보이나
枯 마를 (고)	人死不知心이니라。
終 끝 (종)	사람은 죽어도 마음을 알수는 없느니라。
底 밑 (저)	不字다음에 ㄷ·ㅈ 音의 글자가 오면 頭音法則에 의거 '부'로 發音한다。
(130)	太公이 曰
凡 무릇 (범)	태공이 말하기를
逆 거스를 (역)	凡人은 不可逆相이요
相 관상 (상)	보통 사람은 타고난 자기 관상(觀相)을 거역(拒逆)할 수 없고

斗 말 (두)	海水는 不可斗量이니라。
量 헤아릴 (량)	바닷물은 가히 말로 될 수 없느니라。
한 말(斗)	― 不可逆相의 '相'은 얼굴 생김새이거
두 말 되어봄	타고난 관상이 王相이면 王이되고,
	거지相이면 거지가 된다는 뜻임。
(131)	景行錄에 云하되
景 볕	경행록에 이르기를
빛	結怨於人은
밝을 (경)	
클	사람과 원수를 맺는 것은
경치	謂之種禍요
錄 기록할 (록)	재앙(화)를 심는 것이요
結 맺을 (결)	捨善不爲는
怨 원망 (원)	
種 씨 심을 (종)	착한 것을 버리고 행하지 않는 것은
	謂之自賊이니라。
禍 재앙 (화)	
捨 버릴 (사)	스스로 자기를 해치는 것이라고 하느니라。
賊 도적 해칠 (적)	

(132)	**若聽一面說**이면
若 만약 (약)	만약 한쪽 말만 들으면
聽 들을 (청)	**便見相離別**이니라.
一面說 : 다투고 있는 두사람 中 한사람의 말.	곧 서로(나와 말을 못들어본 다른 한쪽) 헤어짐(멀어짐)을 보게 될 것이니라.
說 : 說明	一우리 俗談에 안방에 가면 시어머니 말이 옳고 부엌에 가면 며느리 말이 옳다고 한 것은 양쪽 말을 다 들어 보아야 잘 잘못을 가릴 수 있다는 이야기다.
便 문득 (편) (곧바로)	만약 한쪽 말만 듣고 그렇게 믿는다면 다른 한쪽과 나는 誤解가 생길 것이 分明하니 서로 사이가 나빠질 것이
見 보게 됨.	뻔히 보일거라는 이야기다.
離 떠날 가를 (리)	즉, 양쪽 말을 다 들어보고 판단하라.
別 나눌 (별)	
(133)	**飽煖**엔 **思淫慾**하고
飽 배부를 (포)	배부르고 등따스면 음란한 욕심만 생각하고
煖 따스할 (난)	**飢寒**엔 **發道心**이니라.
淫 음란할 (음)	배고프고 추우면 옳바른 마음이 생기느니라.

(134)	疏廣이 曰
疏 성글 (소)	소광이 말하기를
廣 넓을 (광)	賢人多財則損其志하고
損 덜릴 (손)	어진사람이 재물이 많으면 그 뜻을 손상하고
愚 어리석을 (우)	愚人多財則益其過니라。
過 허물 (과)	어리석은 사람이 재물이 많으면 그 허물을 더하는 니라。
(135)	人貧智短하고
	1. 사람이 가난하면 지혜가 짧아지고
貧 가난할 (빈)	福至心靈이니라。
智 지혜 (지)	복이 있는 사람은 마음이 신령스러우니라。
短 짧을 (단)	2. { 사람이 가난함은 지혜가 모자라서요 복이 많음은 마음이 신령스러워서 니라。
靈 신령 영혼 신령스러울 (령)	- 册마다 위와 같이 해석이 다른 것은 漢文의 단점이자 장점이기도 하다.
	- 神靈스러움: 神奇하여 人智로는 알수 없음.

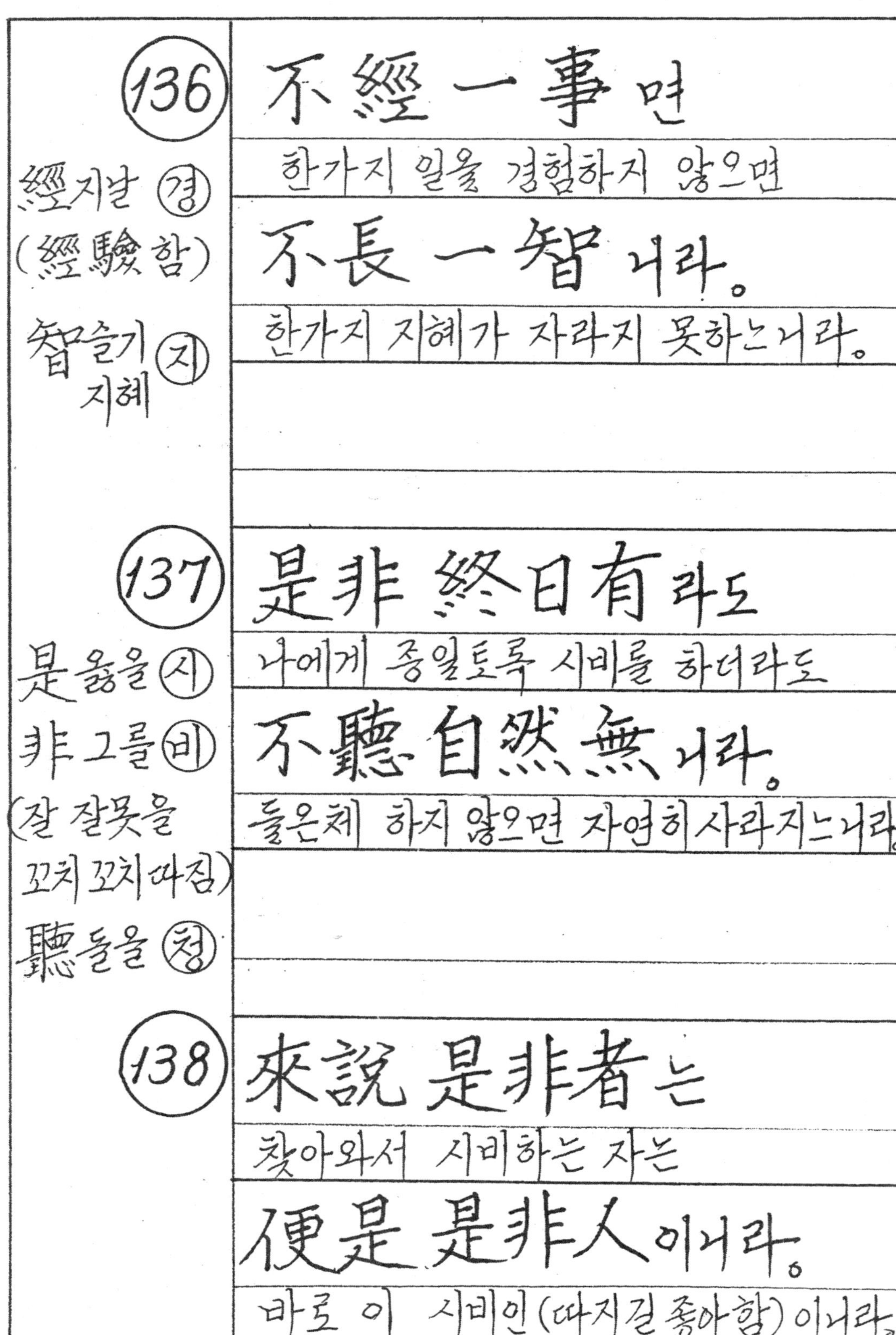

136

不經一事면

한가지 일을 경험하지 않으면

不長一智니라。

한가지 지혜가 자라지 못하느니라。

經 지날 ㉠경 (經驗함)
智 슬기 지혜 ㉠지

137

是非終日有라도

나에게 종일토록 시비를 하더라도

不聽自然無니라。

들은체 하지 않으면 자연히 사라지느니라。

是 옳을 ㉠시
非 그를 ㉠비 (잘 잘못을 꼬치 꼬치 따짐)
聽 들을 ㉠청

138

來說是非者는

찾아와서 시비하는 자는

便是是非人이니라。

바로 이 시비인(따지길 좋아함)이니라。

(139)	擊壤詩에 云하되
擊 칠 (격)	격양시에 이르기를
壤 흙덩이 (양)	平生에 不作皺眉事면
皺 찡그릴 (주)	평생에 눈썹 찡그릴 일을 짓지 아니하면
眉 눈썹 (미)	世上에 應無切齒人이니
切 벨 (절)	세상에 응당히 이를 갈 사람이 없을 것이니
온통 (체)	大名을 豈有鐫頑石가
齒 이빨 (치)	크게 난 이름을 어찌 뜻없는 돌에 새길 것인가
鐫 새길 (전)	路上行人口가 勝碑니라。
頑 완고할 (완)	길을 오가는 사람의 입이 비석의 글 내용을
勝 이길 (승)	이기느니라.
碑 비석 (비)	
	蚌腹隱明珠요 石中藏碧玉이라
(140)	有麝自然香이니
麝 사향 (사)	사향을 몸에 지녔다면 자연 향기가 나리니
사향노루 수컷에서 채취함	何必當風立가。
	하필이면 바람모지에 가 서 있을 것인가。

※ 本文章 외 句節을 우연히 발견하였기에 위에 적어 넣었음。

⑭①	有福莫享盡하라
享 누릴 ⓗ향	복이 있다하여 흥청망청 다 누리지 말라
窮 다할 궁색할 ⓖ궁	福盡身貧窮이오
	복이 다하면 몸이 빈궁해질 것이요
使 부릴 ⓢ사	有勢莫使盡하라
寃 원통할 ⓦ원	권세가 있다하여 다 부리지 말라
兮 어조사 ⓗ혜	勢盡寃相逢이니라
惜 아낄 ⓢ석	권세가 다하면 원수되어 서로 만나느니라
恭 공손 ⓖ공	福兮常自惜하고
驕 교만할 ⓖ교	복이란 항상 스스로 아끼고
與 더불어 함께 ⓨ여	勢兮常自恭하라
	권세란 항상 스스로 공손히 하여라
始 처음 ⓢ시	人生驕與侈는
多 많을 ⓓ다	사람이 살아가면서 교만하고 사치하면
終 끝 ⓙ종	有始多無終이니라。
	시작은 있으나 끝이 없는 경우가 허다하니라。

(142) 王參政 四留銘에 曰

왕참정의 사유명(네가지 남김)에 말하기를

留有餘不盡之巧하야

여유 있게 다 쓰지 않은 재주를 남겨서

以還造物하고

그 功을 조물주(造物主)에게 돌리고

留有餘不盡之祿하야

여유있게 다 쓰지 않은 俸祿을 남겨서

以還朝廷하고

조정(국가)에 돌려 주고

留有餘不盡之財하야

여유 있게 다 쓰지 않은 재물을 남겨서

以還百姓하고

백성에게 돌려주고

留有餘不盡之福하야

여유있게 다 쓰지 않은 복을 남겨서

參 참여할 (참), 셋 (삼)

王參政 : 名은 旦으로 北宋의 眞宗때 政治家

留 남길, 머무를 (류)

巧 재주있을 (교)

祿 봉록 (록)

廷 조정 (정)

還 돌려줄 (환)

造物主 : 天地萬物 만든 神.

有餘 : 남겨 놓음

還 = 還給 되돌려 줌	以還子孫이니라。 자손에게 돌려줄 것 이니라。 - 나의 巧는 造物主의 힘. 나의 祿은 朝廷의 힘. 나의 財는 百姓의 힘. 나의 福은 祖上의 힘 이니 조금씩 남겨 돌려주라는 말。
(143) 兩 두 (량) (둘) 千兩 : 천냥 兩面 : 양면 得 얻을 (득)	黃金千兩이 未爲貴요 황금이 천냥있어도 귀한게 아니요 得人一語가 勝千金이니라。 사람으로부터 좋은 말 한마디 얻는 것이 천금을 이기느니라。
(144) 巧 = 工巧 재주가 겹침 拙 옹졸할 (졸) 奴 종 (노) (奴隸)	巧者는 拙之奴요 재주라는 것은 재주없는 것의 종이요 苦者는 樂之母니라。 괴로움이란 것은 즐거움이란 것의 어머니 니라。

⑭⑤	小船은 難堪重載요
船 배 ㊀선	작은 배는 무겁게 실은걸 견디기 어렵고
堪 견딜 ㊀감	深逕은 不宜獨行이니라。
深 깊을 ㊀심	깊고 으슥한 길은 마땅히 혼자 다니지
逕 지름길 좁은길 ㊀경	말지니라。
146	黃金이 未是貴요
是 이 옳을 옳게여길 ㊀시	황금이 정말 귀한 것이 아니요
	安樂이 値錢多니라。
値 값어치 ㊀치	편안하고 즐거운것이 돈 많은 것 보다
錢 돈 ㊀전	가치(價値)가 있느니라。
147	在家에 不會邀賓客이면
邀 맞을 ㊀요	집에 있을때 손님을 맞아 대접하지 않으면
賓 손님 ㊀빈	出外에 方知少主人이니라。
	밖에 나가서야 비로소(나를 賓客으로

맞아 줄) 主人(친구들)이 적음을 알게된다。

(148)	貧居鬧市無相識이요
貧 가난 (빈)	가난하게 살면 시끄러운 시장 가운데에
鬧 시끄러울	살더라도 서로 알고지내는 사람이 없고
(뇨)	
巾/2 市 저자 (시) 巾部 2획 (위에 점찍음)	富住深山有遠親이니라。
	부자로 살면 깊은 山中에 머물더라도
巿 슬갑 (불) 巾/1 (점안찍고)	멀리서 찾아오는 친구들이 있느니라。
韍 슬갑 (불) 同字 옛 祭服의 하나	
(149)	人義는 盡從貧處斷이요
盡 모두 다 (진)	사람의 義理는 다 가난한 곳에서 끊어지고
	世情은 便向有錢家니라。
從 좇을 따를 (종)	세상의 人情은 바로 돈있는 집으로
便 문득 (변) 편할 (편)	向하느니라。 오줌·똥변 (便所)
	곧변, 便紙편, 便利편, 便辭 말편,

150	寧塞無底缸 이언정
寧 차라리 (녕)	차라리 밑없는 항아리는 막을수 있을지언정
塞 막을 (색)	難塞鼻下橫 이니라。
缸 항아리 (항)	코아래 빗긴(가로) 것(입)은 막기가
橫 빗길 가로 (횡)	어려우니라。
151	人情은 皆爲窘中疏니라。
窘 군색할 (군)	사람의 정은 다 군색한 가운데서
疏 성글 (소)	성글어지게(멀어지게) 되느니라。
152	史記에 曰
郊 성밖 들 (교)	사기(역사 기록)에 말하기를
	郊天禮廟는 非酒不享 이오
廟 사당 (묘)	하늘에 제사하고 종묘에 예올릴때는 술이 아니면 신이 흠향하지 않고
享 누릴 흠향할 (향)	君臣朋友는 非酒不義 요
	임금과 신하, 벗과벗은 술이아니면 의롭지 못하고

鬪 싸울 다툴 (투)	鬪爭相和ㄴ는 非酒不勸이라
	다투고 서로 화해할때 술이아니면 권할수 없다
爭 다툴 (쟁)	故로 酒有成敗而
勸 권할 (권)	그러하니, 술이란 성공과 실패가 달린것이라서
泛 물에뜰 (범)	不可泛飮之니라。
汎과 同字	가히 함부로 마셔서는 아니 되느니라。
아무렇게나	
함부로	
153	子曰
	공자께서 말씀하기를
士 선비 (사)	士ㅣ 志於道而
志 뜻 (지)	선비가 道에 뜻을 두고서
恥 부끄러울 (치)	恥惡衣惡食者는
惡 악할 (악)	헤진 옷과 맛없는 음식을 부끄러워하는자는
足 넉넉할 (족)	未足與議也니라。
議 의논 (의)	족히 더불어 의론할 것이 없느니라。

(154)	荀子曰
荀子 :	순자가 말하기를
중국전국시대	士有妬友則
思想家로	선비가, 친구중에 투기하는 벗이 있으면
名 = 況、	賢交不親하고
性惡說을 提唱함.	어진이와는 친하게 사귈 수 없고
荀 풀이름 (순)	君有妬臣則
妬 시기할 (투)	임금이, 신하중에 투기하는자가 있으면
至 이를 (지)	賢人不至니라。
지극할	어진 사람은 신하로 들어오지 않느니라。
(155)	天不生無祿之人하고
祿 俸祿 (록)	하늘은 福祿없는 사람을 내지 아니하고
福祿	地不長無名之草니라。
(록)	땅은 이름없는 풀을 기르지 않느니라。

⑯156	大富는 由天하고
由 말미암을 ㊌	큰 부자는 하늘에 말미암고
因하여	小富는 由勤이니라。
비롯되어	작은 부자는 부지런함에 말미암으니라。
勤 부지런할 ㊁	
157	成家之兒는
惜 아낄 ㊂	집안을 이룩할 아이는
糞 똥 ㊃ (거름)	惜糞如金하고
金：黃金	똥 아끼기를 금 같이 하고
金：金錢	敗家之兒는
	집을 망하게 할 아이는
	用金如糞이니라。
	돈 쓰기를 똥과 같이 하느니라。
	— 될성 부른 나무는 떡잎부터 알수있고
	될성 싶은 사람은 아이때부터 알수있다。

⑮⑧	康節邵 先生이 曰
康節=諡號	강절소 선생이 말하기를
邵=姓	閑居에 愼勿說無妨하라
邵康節	한가히 삶에 삼가 해로운 일이 없다 말하지 말라
이라고도 함.	纔說無妨 便有妨이니라
邵 고을이름 ㊀소	해로움이 없다 말하자마자 해가 닥치느니라
愼 삼갈 ㊀진	爽口物多 能作疾이오
妨 해로울 ㊀방	입에 상쾌한 것이 많으면 능히 병을 만들고
纔 겨우 ㊀재	快心事過 必有殃이라
爽 상쾌할 ㊀상	마음을 유쾌하게 하는 일이 지나면 재앙이 뒤따른다
殃 재앙 ㊀앙	與其病後 能服藥으론
與…하는 것은	만약 병이 난 후에 능히 약을 먹는 것은
若 같을 ㊀약	不若病前 能自防이니라.
防 막을 ㊀방	병 나기전에 능히 스스로 예방하느니만
	같지 못하니라.

(159) 梓潼帝君 垂訓에 曰

자동제군이 훈계를 내려 말하기를

妙藥도 難醫冤債病이요

신묘한 약이라도 원한으로 사무친 병은 고치기 어렵고

橫財도 不富命窮人이라

뜻밖에 생기는 재물도 명이 궁한 사람을 부자되게 하지 못하느니라

虧心折盡平生福하니

잘못된 마음은 평소에 오는 복마저 꺾어버리니

幸短天教一世貧이라

행복이 짧아져서 하늘이 일생동안 가난하게 한다네

生事事生을 君莫怨하고

일을 만들어 일이 생기는 것을 그대는 원망하지 말고

害人人害를 汝休嗔하라

남을 해쳐서 남이 해치는 것을 너는 성내지 말라

天地自然 皆有報하니

천지는 자연적으로 모두 갚음이 있나니

遠在兒孫 近在身이니라。

本垂訓은 七言律詩 四篇으로 되어 있으며 2.4.6.8句 끝字가 韻音으로 되어있다.

本文은 明心보감 책 대부분이 3.4句가 누락된 것을, 찾아 律詩를 살리다 보니 8句가 紙面 관계로 협소하게 되었음을 諒解 바란다。

160

花落花開 開又落하고

꽃은 졌다가 다시피며 피었다가 다시 지고

錦衣布衣[경]更換着이라

비단옷과 삼베옷을 서로 바꿔 입느니라

豪家도未必常富貴요

호화로운 집이라도 항상 부귀한건 아니요

貧家도未必長寂寞이라

가난한 집이라도 반드시 오래 적막하진 않는다

扶人에未必上青霄요

사람을 추켜올려도 푸른하늘까지 올릴수 없고

推人에未必塡邱壑이라

사람을 밀친다해도 언덕구덩이에 밀쳐 넣지는 못하느니라

勸君凡事를 莫怨天하라

그대에게 권고하노니 매사에 하늘을 원망치마라

天意於人에 無厚薄이니라.

하늘의 뜻은 사람에게 후하고 박함이 없느니라.

落 떨어질 (락)
換 바꿀 (환)
着 부딪힐 (착)
豪 호사스러울 (호)
更 고칠 (경)
寂 고요 (적)
寞 쓸쓸할 (막)
霄 하늘 (소)
塡 메울 (전)
壑 구덩이 (학)
扶 붙들 (부)
推 밀 (추)

161

堪 견딜 감
毒 독할 독
蛇 뱀 사
湯 끓을 탕
潑 뿌릴 발
儻 갑자기 당
狡 교활할 교
譎 속일 휼
恰 꼭 흡
似 같을 사
暮 저물 모

堪歎人心毒似蛇라
사람의 마음이 독사 같음을 한탄한다

誰知天眼轉如車오
누가 하늘 눈이 수레바퀴처럼 돌고 있음을 알리오

去年妄取東隣物터니
지난해에 망녕되이 동쪽이웃 물건을 취득하더니

今日還歸北舍家라
오늘 북쪽집으로 돌아 가는구나

無義錢財湯潑雪이오
의롭지 못한 돈과 재물은 끓는물 위의 눈이요

儻來田地水推沙라
갑자기 굴러온 밭과 땅은 물에 떠밀리는 모래라

若將狡譎爲生計면
만약 장차 교활한 속임수로 생계를 삼는다면

恰似朝開暮落花라。
아침에 피었다가 저물녘에 지는 꽃과 같으리라。

(162)

得失榮枯總是天이니
얻는 것과 잃는 것 번영하고 쇠하는 것이 모두 하늘에 달려 있으니

機關用盡也徒然이라
온갖 방법 다 써보아도 쓸데없는 일이라

人心不足蛇呑象이요
인심은 부족하기가 뱀이 코끼리를 삼키는 것 같고

世事到頭螳捕蟬이라
세상사 드디어 사마귀가 매미잡듯 재앙뿐이네

無藥可醫卿相壽요
약으로도 경상(높은관리)의 목숨을 고칠수 없고

有錢難買子孫賢이라
돈이 있어도 자손의 현명을 살수 없느니라

家常守分隨緣過리니
집에서 늘 분수지켜 인연따라 살면 될 것이니

便是逍遙自在仙이니라
이것이 바로 슬슬 거닐며 신선이 되는 것이니라

榮: 繁榮
枯: 枯死
機 기계 기회 (기)
關 문빗장 관계 (관)
徒 무리 한갓 (도)
呑 삼킬 (탄)
螳 사마귀 (당)
捕 잡을 (포)
蟬 매미 (선)
隨 따를 (수)
緣 인연 (연)
便 곧 (변)
逍 거닐 (소)
遙 거닐 (요)

※ 東豆川의 逍遙山과 自在庵의 이름을 여기서 따옴.

⑯③	寬性寬懷過幾年가
寬 너그러울 ㉮관	너그러운성품과 너그러운마음으로 몇해나 보냈는가
懷 품을 마음 따를 ㉮회	人死人生在眼前이라
	사람이죽고 태어남이 눈앞에서 일어나는구나
幾 몇 ㉮기	隨高隨下隨緣過이니
隨 따를 ㉮수	높은데나 낮은데나 모두 인연따라 지나는것이니
緣 인연 ㉮연	或長或短莫埋寃이라
埋 묻을 ㉮매	잘했거나 못했거나 원통함을 묻어두지 말라
寃 원통할 ㉮원	自有自無休歎息이니
	스스로 있을때나 없을때나 탄식하지 말것이니
或 혹시 ㉮혹	家貧家富總由天이라
由 말미암을 ㉮유	집이 가난하고 부유함은 모두 하늘에 연유하느니라
度 헤아릴 ㉮탁 법도 ㉮도	平生衣祿隨緣度(탁)하니
	평생의 의식록도 인연따라 지나는것이니
緣 인연 ㉮연	一日清閑一日仙이니라。
	하루라도 마음이 청한하면 하루의 신선이 되느니라

12, 省心篇(下)

⑯④	眞宗皇帝御製에曰
皇 임금 ⓗ황	진종황제 어제에 말하기를
帝 임금 ⓙ제	知危識險이면
御 모실 어	위태로움을 알고 험난할 것을 미리 알면
부릴	終無羅網之門이요
製 지을 제	마침내 法網에 걸려들지 않을것이요
御製:	擧善薦賢이면
임금이 지은 글	선한이를 등용하고 어진이를 추천하면
羅 그물 비단 벌려놓을 라	自有安身之路라
擧 들어올릴	자연히 몸을 편안케 할 길이 있느니라
거	施仁布德은
薦 추천할 천	仁을 베풀고 덕을 펴는 것은
布 펼 베 포	乃世代之榮昌이요
妬 투기할	이에 代代로 영화롭고 창성할것이요
투	懷妬報寃은
寃 원통할 원	투기하는 마음을 품고 원한에 보복함은

與 줄 (여)	與子孫之爲患이라
患 근심 (환)	자손에게 근심되는 것을 끼쳐주는 것이니라
損 덜릴 (손)	損人利己면
仍 이할 (잉)	남에게 손해를 끼치고 자기 이득을 취하면
七代孫	終無顯達雲仍이요
雲仍 :	끝내 높이 되는 자손을 둘 수 없을 것이요
雲孫과	害衆成家면
仍孫이라는	여러 사람을 해쳐서 자기 집을 이룬다면
뜻으로 代数	豈有長久富貴리오
가 먼 子孫을 말함.	어찌 부귀가 오래 갈 수 있으리오
異體 :	改名異體는
成形으로	이름을 갈고 모양을 달리하는 것은
얼굴모습을 바꿈.	皆因巧語而生이요
	모두 교묘한 말재주에서 나오게 된 것이요
工巧 재주있을	禍起傷身은
(교)	재앙이 일어나고 몸까지 상하게 되는 것은

皆 다 ㉮ 모두	皆是不仁之召니라。
召 부를 ㉰	모두가 이 어질지 못하여 불러들이는
	것이니라。
165	神宗皇帝 御製에曰
神宗 :	신종황제 어제에 말하기를
北宋의 6代 皇帝	遠非道之財하고
	올바른 도리로 생긴 재물이 아니면 멀리하고
嫉 시새움할 질	戒過度之酒하며
	도(度)에 지나친 술을 경계할 것이며
妬 강샘할 투	居必擇隣하고交必擇友하며
	거처엔 이웃을가리고 사귐에는 벗을가려하며
讒 참소할 참	嫉妬를 勿起於心하고
訴 일러바칠 송사할 소	시기하는 마음을 갖지 말며
	讒言을 勿宣於口하며
	남을 헐뜯는 말을 입밖에 내지 말며

疏 성글 ㉦소	骨肉貧者를 莫疏하고
厚 두터울 ㉦후	형제중에 가난한이를 소홀히 하지 말고
勤 부지런할 ㉦근	他人富者를 莫厚하며
儉 검소할 ㉦검	남의 부자를 후대(厚待)하지 말며
謙 겸손 ㉦겸	克己는 以勤儉爲先하고
己 몸 ㉦기	자신을 극복함에는 근면·검소를 첫째로 삼고
已 이미 ㉦이	愛衆을 以謙和爲首하며
咎 허물 ㉦구	여럿을 사귈때는 겸손·화목을 으뜸으로 삼으며
依 의지할 ㉦의	常思已往之非하고
朕 나 ㉦짐	항상 지난날의 잘못을 생각하고
斯 이 ㉦사	每念未來之咎하라
國家: 나라와 집 (여기서 만)	언제나 앞날의 허물을 염려하여라
	若依朕之斯言이면
	만약 짐의 이 말을 따른다면
	治國家而可久리라。
	나라와 집안을 오랫동안 잘 다스리게 되리라.

166

高宗皇帝御製에 曰

고종황제의 어제에 이르기를

一星之火도

한점의 별빛만큼 작은 불씨로도

能燒萬頃之薪하고

능히 일만 두둑에 쌓아놓은 섶을 태울수 있고

半句非言도

반마디 그릇된 말도

誤損平生之德이라

잘못되어 평생토록 쌓은 덕을 훼손하느니라

身被一縷나

몸에 한 오라기의 실을 걸쳐도

常思織女之勞하고

항상 이것을 짠 여인의 수고함을 생각하고

日食三飧이나

하루 세 끼니의 밥을 먹을 때마다

高宗: 南宋의 첫 임금.

燒 불사를 ㉠소

薪 섶 땔나무 ㉠신

句 글귀 ㉠구

非 그릇될 ㉠비

誤 잘못될 ㉠오

被 입을 ㉠피

縷 실 올 ㉠루

織 짤 ㉠직

飧 밥 끼니 ㉠손

每 매양 (매)
苦 괴로울 (고)
苟 구차할 진실로 (구)
貪 탐낼 (탐)
十載 = 十年
華 빛날 (화)
裔 옷깃 (예)
緣 인연 (연)
慶 경사 (경)
因 원인 (인)
積 쌓을 (적)
超 뛰어넘을 (초)
凡 평범할 (범)

每念農夫之苦하라
늘 농부의 힘들게 일하였음을 생각하라

苟貪妬損은
구차하게 탐내고 시기해서 손해를 끼치면

終無十載安康하고
결국 10년의 편안함도 누리지 못할 것이요

積善存仁이면
선행을 쌓고 어진 마음을 잃지 않으면

必有榮華後裔니라
반드시 후손들에게 영화가 있으리라

福緣善慶은
복된 인연과 좋은 경사는

多因積行而生이요
대부분이 善을 쌓아서 생겨나는 것이요

入聖超凡은
성인의 경지에 들어가고 평범에서 초월함은

盡 다할 (진)	盡是眞實而得이니라。
眞 참 (진)	모두가 진실하여야 얻을수 있는것이니라。
實 열매 참 (실)	
(167)	王良이 曰
良 어질 좋을 곧을 (량)	왕량이 말하기를
	欲知其君인대 先視其臣하고
王良：春秋	그 임금을 알고자 하면 먼저 그 신하를 보고
時代 晋나라	欲識其人인대 先視其友하고
사람、	그 사람을 알고자 하면 먼저 그의 벗을 보고
欲 하고자할 (욕)	欲知其父인대 先視其子하라
識 알 (식)	그 아비를 알고자 하면 먼저 그 자식을 보라
慈 사랑 (자)	君聖臣忠하고
	임금이 훌륭하면 그 신하가 충성스럽고
	父慈子孝니라。
	아비가 인자하면 자식이 효성스러우니라。

(168)	家語에 云하되
孔子家語:	孔子家語에 이르기를
공자의 言行을 모은 책으로 10권으로 되어 있다.	水至淸則無魚하고
	물이 지극히 맑으면 고기가 없고
	人至察則無徒니라.
察 살필 (찰)	사람이 지극히 살피면 친구가 없느니라.
徒 무리 (도) 걸어다닐	
(169)	許敬宗이 曰
許敬宗:	허경종이 말하기를
唐나라 사람으로 字는 延族	春雨如膏나
	봄비가 기름같이 좋으나
膏 기름 (고)	行人은 惡其泥濘하고
泥 진흙 (니)	길을 오가는 사람은 진흙탕을 싫어하고
濘 진창 (녕)	秋月이 揚輝나
輝 車/8 빛날 (휘)	가을 달이 휘영청 밝으나

盜 도둑 ⓓ도	盜者는 憎其照鑑이니라。
憎 미워할 ⓓ증	도둑질하는 자는 거울 같이 밝게 비추는
照 비칠 ⓓ조	것을 싫어 하느니라。
170	景行錄에 云하되
丈 장부 장인 ⓓ장	경행록에 이르기를
	大丈夫 - 見善明故로
泰 클 편안할 ⓓ태	대장부는 善을 보는 것이 밝음으로
節 마디 절개 절약 ⓓ절	重名節於泰山하고
	名分과 節義를 태산보다도 더 소중히 여기고
精 깨끗 ⓓ정	用心精故로
	마음을 쓰는 것이 精潔하므로
輕 가벼울 ⓓ경	輕死生於鴻毛니라。
鴻 기러기 ⓓ홍	죽고 사는 것을 기러기 털보다도 더
	가볍게 여기느니라。
毛 터럭 ⓓ모	

(171)	悶人之凶 하고
悶 心/8	남의 흉한일을 마음으로 민망히 여기고
번민할 (민)	樂人之善 하며
凶 흉할 (흉)	남의 선한일을 마음으로 즐거히 하며
濟 건늘 (제)	濟人之急 하고
急 급할 (급)	남의 위급한 일을 솔선해서 건져 주고
救 구원할 (구)	救人之危 니라
危 위험 (위)	남의 위태함을 속히 구원해 주어야 하느니라。
(172)	經目之事 도 恐未皆眞 이어늘
經 지날 글 목맬 (경)	두 눈으로 직접 본 일도 다 진실이 아닐까 두렵거늘
	背後之言 을
恐 두려울 (공)	등 뒤에서 하는 말을
豈 어찌 (기)	豈足深信 이리오
豆/3	어찌 족히 깊이 믿을 수 있으리오。

(173)	不恨自家汲繩短하고
汲 물기를 (급)	자기네 두레박 줄이 짧은 것은 탓하지 않고
繩 노끈 (승)	只恨他家沽井深이로다。
沽 술살 물기를 (고)	다만 남의집 우물이 깊다고만 탓하는도다。
苦를 沽로 고침.	— 자기네 두레박을 가지고 이웃집 우물을 푸려는데, 두레박 끈이 짧아 물을 기를수 없자 하는 말 '아니 무슨 우물이 이렇게도 깊대?'
(174)	贓濫이 滿天下하되
贓 장물 (장)	부정하게 재물을 취하는 사람이 천하에 가득하되
濫 넘칠 퍼질 (람)	罪拘薄福人이니라。
拘 얽을 (구)	죄에 걸려 구속되는 사람은 복이 얇은 사람뿐이니라。
薄 얇을 (박)	
(175)	天若改常이면 不風則雨요
常은 平常으로 改常은 平常과 다른것임.	하늘이 만약 떳떳함을 고치면 바람 아니면 비요
	人若改常이면 不病則死니라。
	사람이 만약 떳떳함을 고치면 병 아니면 죽느니라。

(176)	壯元詩에 云하되
壯 씩씩할 (장)	장원 한 詩에 이르기를
元 으뜸 (원)	國正 天心順이요
壯元:	나라가 바르게 다스려지면 天心도 순하고
글짓기에서	官淸民自安이라
1등으로 뽑힌	
글이라 詩	官吏들이 청렴하면 백성이 절로 편안하리라
天心順:	妻賢夫禍少요
雨順風調	아내가 어질면 그 남편의 화(禍)가 적고,
로 災害가	子孝父心寬이니라。
적고 豊年을	자식이 효성스러우면 아버지 마음이
이룸。	너그러워 지느니라。
時和年豊	
(177)	子曰 木從繩則直하고
繩 노끈 (승)	공자께서, 나무는 먹줄을 따라 깎아야 곧아지고
諫 충고할 타이를 (간)	人受諫則 聖이니라。
	사람은 남의 충고를 받아 들여야 성스러워

지느니라, 고 하셨다。

178	一派青山景色幽러니
派 가닥 (파)	한 가닥 청산의 경관이 그윽하더니
幽 그윽할 (유)	前人田土後人收라
收 거둘 (수)	앞사람의 토지를 뒷사람이 사들이는구나
歡 기쁠 (환)	後人收得莫歡喜하라
喜 기쁠 (희)	뒷사람아 사들였다하여 기뻐하지 마라
更 다시 (갱)	更有收人在後頭니라。
	다시 사들일사람이 뒷머리에서 대기하고 있느니라。
179	蘇東坡 曰
蘇 차기기 (소)	소동파가 말하기를
東 소열	無故而得千金이면
坡 언덕 (파)	아무 까닭없이 천금을 얻는 것은
이름은 軾	不有大福이라 必有大禍니라。
號는 東坡로 北宋의 詩人	큰 복이 아니라 반드시 큰 재앙이니라。

(180)	康節邵先生이 曰
康 편안 (강)	강절소 선생이 말하기를
邵 고을이름	有人이 來問卜하되
(조)	어떤 사람이 나에게 와서 점을 치는데
卜 점칠 (복)	如何是禍福고
問卜:	어떤 것이 화가 되고 어떤 것이 복이 됩니까?
점을 묻는 것	물갈래 我虧人是禍요
虧 이지러질	내가 남을 해롭게하면 이것이 화(禍)요
덜릴 (휴)	人虧我是福이니라.
한 귀퉁이가	남이 나를 해롭게 하면 이것이 복(福)
떨어져 나감	이니라. 고 대답하였다.
(181)	大廈千間이라도 夜臥八尺이요
廈 큰집 (하)	큰집이 천간이라도 밤에 눕는것은 여덟자요
臥 누울 (와)	良田萬頃이라도 日食二升이니라
升 되 (승)	좋은 밭이 만경이라도 하루식량은 두 되니라.

182	久住令人賤이오
久住 :	오래 머물면 사람으로 하여금 천히 여겨지고
남의 집을 방문시 오래 머무름	頻來親也疏라
	자주 찾아오면 친한 사이도 소원해 지느니라
令人賤 :	但看三五日에
주인으로부터 천대받음	다만 사흘이나 닷새만 만나도
頻 자주 (빈)	相見不如初니라。
疏 성글 (소)	서로 보는 것이 처음만 같지 못하니라。
但 다만 (단)	
183	渴時一滴은 如甘露요
渴 목마를 (갈)	목마를 때 한 방울의 물은 단 이슬 같고
滴 물방울 (적)	醉後添盃는 不如無니라。
露 이슬 (로)	취한 뒤에 술잔을 더하는 것은 없느니만 같지 못하니라。
添 더할 (첨)	
盃 술잔 (배)	

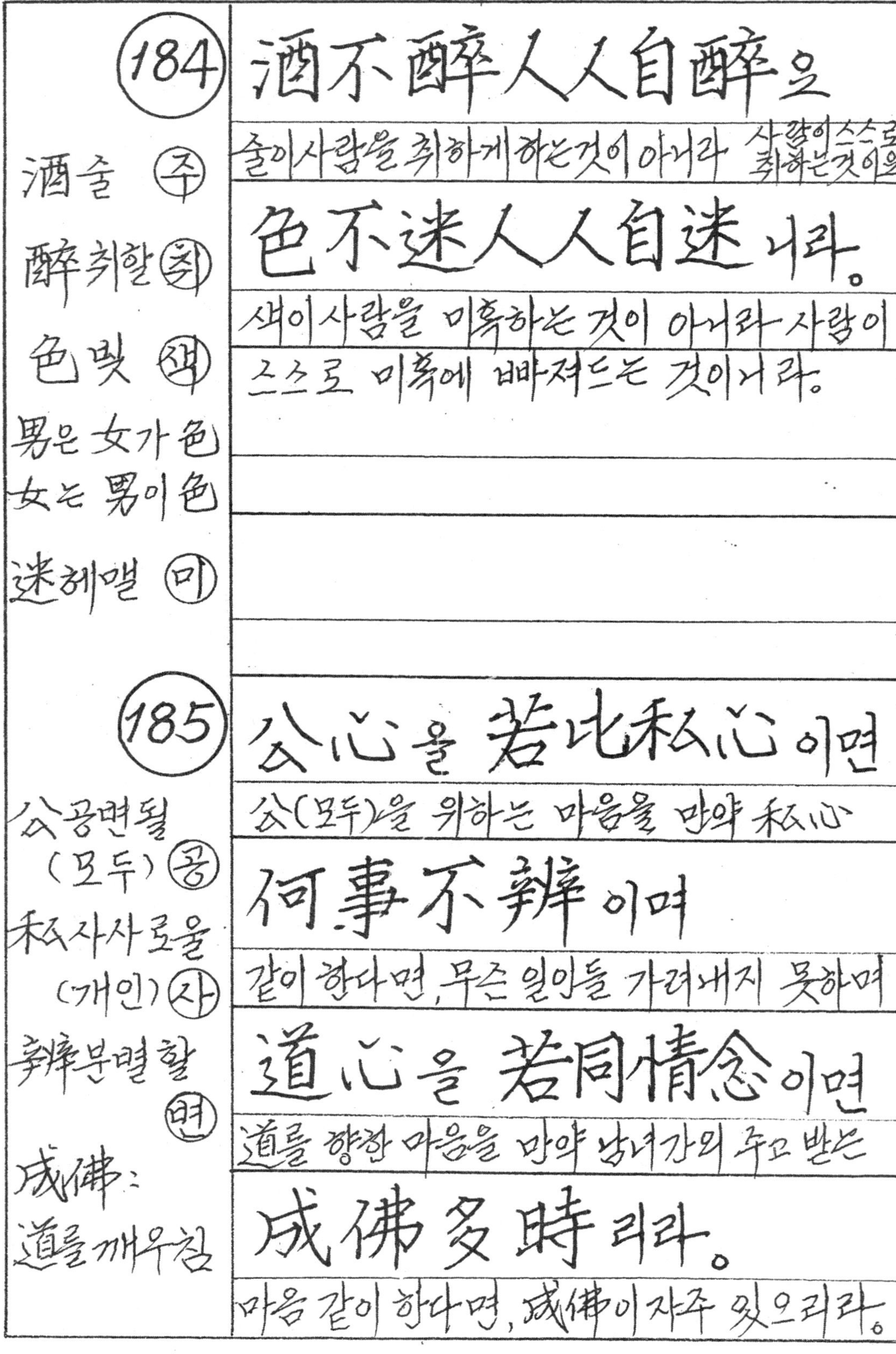

(184) 酒不醉人人自醉요
술이 사람을 취하게 하는 것이 아니라 사람이 스스로 취하는 것이요
色不迷人人自迷니라。
색이 사람을 미혹하는 것이 아니라 사람이 스스로 미혹에 빠져드는 것이니라。

酒 술 ㊟
醉 취할 (취)
色 빛 (색)
男은 女가 色
女는 男이 色
迷 헤맬 (미)

(185) 公心을 若比私心이면
公(모두)을 위하는 마음을 만약 私心
何事不辨이며
같이 한다면, 무슨 일인들 가려내지 못하며
道心을 若同情念이면
道를 향한 마음을 만약 남녀간의 주고 받는
成佛多時리라。
마음 같이 한다면, 成佛이 자주 있으리라。

公 공변될 (모두) (공)
私 사사로울 (개인) (사)
辨 분별할 (변)
成佛: 道를 깨우침

186	濂溪先生이 曰
濂 시내이름 렴	주렴계 선생이 말하기를
溪 시내 계	巧者言하고 拙者默하며
濂溪는	巧者는 말을 잘하고 拙者는 말이 없으며
姓은 周요	巧者勞하고 拙者逸하며
名은 敦頤	巧者는 수고롭고 拙者는 한가하며
字는 濂溪로	巧者賊하고 拙者德하며
北宋의 儒学者이다。	巧者는 남을 해치고 拙者는 덕성스러우며
巧 공교 교	巧者凶하고 拙者吉하나니
재주있고 꾀많음	巧者는 흉하고 拙者는 길하나니
拙 옹졸할 졸	嗚呼라 天下 拙이면
재주없고 우둔함	아! 천하가 졸(拙)하면
賊 해칠 적	刑政이 徹하야
徹 다스릴 철	형법이 잘 다스려져서
嗚 슬플 오	上安下順하고 風清弊絕이리라。
	위가 편하고 아래가 순종하며 풍속이 맑아지고 나쁜 폐단이 근절되리라。

(187)	易에 曰
易 바꿀 (역)	주역에 이르기를
周 두루 (주)	德微而位尊하고
周易:	덕이 없으면서 벼슬이 높고
책 이름으로	智小而謀大면
世上萬物은	지혜가 작으면서 도모하는 일이 크면
계속하여 바뀌고 변화한다는	無禍者 - 鮮矣니라。
뜻임、	재앙이 없을 자가 거의 없느니라。
微 적을 (미)	
謀 꾀할 (모)	
(188)	說苑에 曰
苑 뜰 (원)	설원에 이르기를
宦 벼슬살이 (환)	官怠於宦成하고
	벼슬살이는 지위가 높아진데서 게을러지고
癒 병나을 (유)	病加於小癒하며
	병은 조금 낫는데서 더해지며

懈 게으를 ㉻	禍生於懈怠하고
	재앙은 게으른데서 생기고
衰 쇠할 ㉾	孝衰於妻子하나니
察 살필 ㉸	효도는 처자때문에 쇠퇴해지나니
愼 삼가할 ㉽	察此四者하야
	이 네가지를 잘 살펴서
	愼終如始니라。
	삼가 마침을 처음과 같이 할지니라。

189	景行錄에 云하되
器 그릇 ㉿	경행록에 이르기를
溢 넘칠 ㊀	器滿則溢하고
喪 죽을 잃을 ㊁	그릇은 차면 넘치고
	人滿則喪이니라。
	사람이 가득차면 자신(自身)을 잃느니라。

人滿 : 財物이 너무 많거나 감당키 어려운 地位에 오름

190

尺璧非寶요

한자의 구슬이 보배가 아니요

寸陰是競이니라.

한치의 짧은시간이 이(구슬)와 다투느니라.(시간이 구슬보고 '네가 보배야? 내가 보배지)라며 다툰다는 말임.

- 尺 자 (척)
- 璧 구슬 (벽)
- 陰 그늘 (음)
- 競 다툴 (경)

191

羊羹이 雖美나

양갱(軟양갱)이 비록 맛이 좋으나

衆口難調니라.

뭇 사람의 입맛에 다 맞추기는 힘드니라.

-'양갱'은 팥 앙금으로 만든 과자의 一種으로 日本式表記라서 '軟羊羹'이고 '羊(양)고기 국'이라 해석하는 것은 옳지않음.

- 羊 양 (양)
- 羹 국 (갱)
- 調 고를 (조)

192

益智書에 云하되

익지서에 이르기를

白玉은 投於泥塗라도

백옥(흰옥)은 진흙속에 던져 넣어도

- 投 던질 (투)
- 泥 진흙 (니)
- 塗 진흙 (도)

汚 더러울 더럽힐 ㉦	不能汚穢其色이요
穢 더러울 ㉦	능히 그 흰 빛을 더럽힐 수 없고
濁 흐릴 ㉦	君子는 行於濁地라도
染 물들일 ㉦	군자는 혼탁한 곳에 갈지라도
亂 어지러울 ㉦	不能 染亂其心하나니
松 소나무 ㉦	능히 그 마음을 어지럽히지 않나니
柏 잣나무 ㉦	故로
耐 견딜 ㉦	그러므로
涉 건널 ㉦	松柏은
危 위험 ㉦	소나무와 잣나무는
難 어려울 ㉦	可以 耐雪霜이요
	가히 서리와 눈을 견뎌 낼 수 있고
	明智는
	밝은 지혜는
	可以 涉危難이니라。
	가히 위험하고 험난함을 건너가느니라。

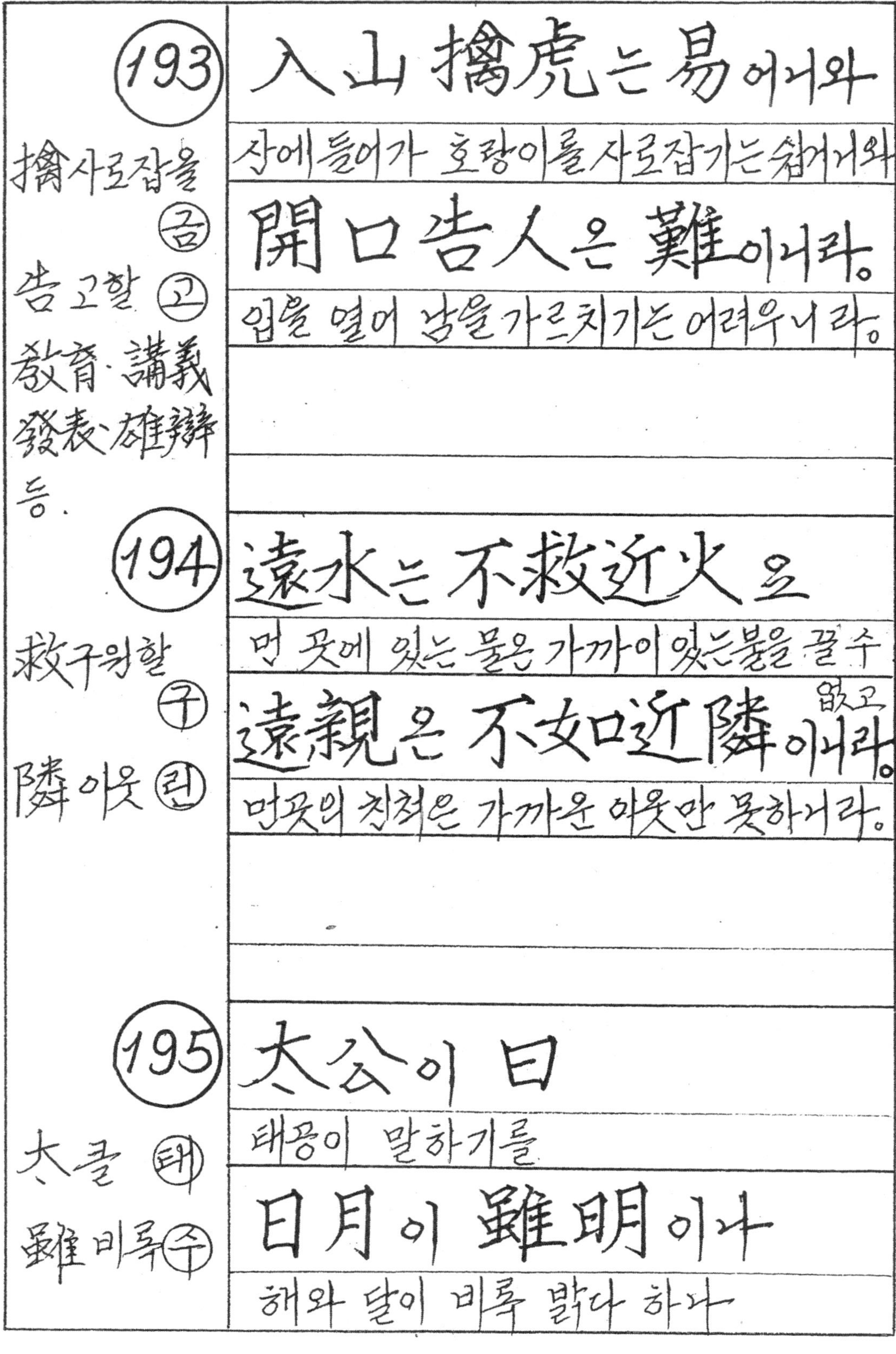

193 入山擒虎는 易어니와

산에 들어가 호랑이를 사로잡기는 쉽거니와

開口告人은 難이니라.

입을 열어 남을 가르치기는 어려우니라.

擒 사로잡을 (금)

告 고할 (고)

敎育·講義 發表·雄辯 등.

194 遠水는 不救近火요

먼 곳에 있는 물은 가까이 있는 불을 끌 수 없고

遠親은 不如近隣이니라.

먼 곳의 친척은 가까운 이웃만 못하니라.

救 구원할 (구)

隣 이웃 (린)

195 太公이 曰

태공이 말하기를

日月이 雖明이나

해와 달이 비록 밝다 하나

太 클 (태)

雖 비록 (수)

照 비칠 ㊟조	不照覆盆之下하고
覆 = 覆 通用으로 엎어질 넘어질 뒤집을 엎 을 ㊟복	엎어놓은 물동이 밑은 비출 수 없고
	刀刃이 雖快나
	칼날이 제아무리 날카로워도
	不斬無罪之人하고
	죄없는 사람의 목을 벨수는 없으며
盆 동이 ㊟분	非災橫禍는
刃 칼날 ㊟인	나쁜 재앙과 예기치 못한 횡액은
快 날낼 ㊟쾌	不入愼家之門이니라。
斬 목벨 ㊟참	삼가고 신중히 하는 집 문안에는 감히
災 재앙 ㊟재	들어가지 못하느니라。
橫 가로 ㊟횡	
196	太公이 曰
	태공이 말하기를
頃 百이랑 잠깐 ㊟경 (頃刻)	良田萬頃이
	좋은 밭 일만 이랑(두둑) 이 있어도

薄 엷을 (박) 藝 재주 (예) 隨 따를 (수)	不如薄藝隨身이니라。 얇은 재주하나 몸에 지니고 있는 것만 같지 못하니라。 얇은(하찮은)
197	性理書에 云하되 성리서에 이르기를
接 닿을 (접) 接對 接觸 要 중요 (요) 重要 要諦(살필체) 諸 어조사 (저) 反 되돌릴 (반) 反對方向 觸 닿을 부딪칠 (촉)	接物之要는 사물을 접촉(사람을 상대)하는 요체는 己所不欲을 내가 하고자 하지 않는 바를 勿施於人하고 남에게 베풀지를 말고 行有不(부)得이어든 행하여 얻지 못하는 것이 있거든 反求諸己니라。 되돌려 自己에게서 원인을 찾을지니라。

(198)	酒色財氣 四堵墻에
堵 담 (도)	술·여색·재물·기운 이 네가지 담안에는
墻 담 (장)	多少賢愚在內廂이라
牆의 俗字	어진이와 어리석은이가 함께 모여 있느니라
多少 = 多와 少의 中間 (어지간히)	若有世人 跳得出이면
	만약 세상사람 중에 여기서 빠져나올수있다면
廂 결방 열방 (상)	便是神仙不死方이니라。
	이것이야 말로 신선이 되어 죽지 않을
跳 뛰어넘을 (도)	방책이 되리라。
便 문득 (편) 편할	※ 賢愚 : 똑똑한이나 어리석은이나 모두
(宜也 : 마땅히)	— 술·여자·재물·명예는 누구나가 좋아하는 것으로 피할 수 없으며,
氣 : 氣勢 氣稟 名譽 自尊心 등、	이로 因해 敗家亡身하는 경우가 너무 많음을 지적한 글로, 만일 이 네가지를 피할 수만 있다면
	이거야 말로 죽지도 않고 신선이 되어 오래 살수있는 方策이 되겠다는 뜻으로 결국 불가능 하다는 말。

13. 立敎篇(三綱五倫·修身齊家)

(199)	子曰
	공자께서 말씀하기를
立 세울 설 (립)	立身有義하니 而孝爲本이요
喪 망할 잃을 복입을 (상)	입신에 의가 있으니 효도가 근본이 되고
	喪祀有禮하니 而哀爲本이요
祀 제사 (사)	상사에 예가 있으니 슬퍼함이 근본이 되고
哀 슬플 (애)	戰陣有列하니 而勇爲本이요
戰 싸울 (전)	전쟁에서 대열이 있으니 용맹함이 근본이 되고
陣 진칠 (진)	治政有理하니 而農爲本이요
勇 용맹할 (용)	정치에 이치가 있으니 농사가 근본이 되고
	居國有道하니 而嗣爲本이요
理 이치 (리)	나라 지키는데 도가 있으니 後嗣가 근본이요
農 농사 (농)	生財有時하니 而力爲本이니라.
居 살 (거)	재물을 생산함에 시기가 있으니 노력
嗣 代이을 (사)	함이 근본이 되느니라.

200	景行錄에 云하되
	경행록에 이르기를
政 정사 정	爲政之要는
要 중요 요	정치를 잘 다스리는 요체(要諦)는
公 공변될 공	曰 公與淸이요
與 더불어 여	이르되 公正性과 淸廉性이요
	成家之道는
儉 검소할 검	집안을 일으키는 方道(길·方法)는
勤 부지런할 근	曰 儉與勤이니라。
	이르노니 儉素함과 勤勉함 이니라。
諦 살필 체	
201	讀書는 起家之本이요
讀 읽을 독	책을 읽는 것은 집안을 일으키는 근본이요
循 좇을 순	循理는 保家之本이요
	이치를 좇는 것은 집안을 보존하는 근본이요

治 다스릴 (치)	勤儉은 治家之本이요
	근면하고 검소함은 집안을 다스리는 근본이요
和 화목할 (화)	和順은 齊家之本이니라。
順 순할 (순)	화목하고 순응함은 집안을 가지런히
齊 가지런할 (제)	(평온하게) 하는 근본 이니라。
(202)	孔子三計圖에 云하되
圖 그림 꾀할 (도)	공자께서 '삼계도'에 이르기를
計 계교 (계) (대책을 세움)	一生之計는 在於幼하고
	일생의 계획은 어릴때에 있고
於 어조사 (어) …에	一年之計는 在於春하고
	일년의 계획은 봄에 있고
寅 동방 (인) 寅時	一日之計는 在於寅이니
	하루의 계획은 새벽에 있으니
幼 어릴 (유)	幼而不學이면 老無所知요
	어려서 배우지 않으면 늙어서 아는게 없고

耕 밭갈 ㉠경 望 바랄 망 若 만약 약 起 일어날 기 辦 판단할 처리할 판	春若不耕이면 秋無所望이요 봄에 밭갈지 않으면 가을에 바랄것이 없고 寅若不起면 日無所辦이니라。 寅時에 일어나지 않으면 그날의 할일을 판단하지 못하느니라。 - 寅時 午前 3시~5시 사이.
203	性理書에 云하되 성리서에 이르기를
敎 가르칠 교 目: 種目 題目 條目 親 친할 친 어버이 別 다를 분별 별	五敎之目은 다섯가지 가르침의 條目은 父子有親하며 아버지와 자식 사이엔 친함이 있어야 하며 君臣有義하며 임금과 신하 사이엔 義理가 있어야 하며 夫婦有別하며 남편과 아내 사이엔 남다름이 있어야 하며

長 어른 (장)	長幼有序하며
幼 어린이 (유)	어른과 어린이 사이엔 차례가 있어야 하며
朋 벗 (붕)	朋友有信이니라。
信 믿을 (신)	벗과 벗 사이엔 믿음이 있어야 하는 니라。
(204)	三綱은
綱 벼리 (강) 그물 윗줄에 일정한 간격으로 달려 있는 벙마개 같은 것으로. 그물이 가라앉지 않도록 잡아주는 중요한 역할을 함.	세가지 벼리란
	君爲臣綱이요
	임금된 자는 신하의 벼리가 되어야 하고
	父爲子綱이요
	아버지된 자는 아들의 벼리가 되어야 하며
	夫爲婦綱이니라。
	남편된 자는 아내의 벼리가 되어야 하는 니라。
	— 臣·子·婦를 그물(綱)에 비유한다면 벼리(綱)인 君·父·夫의 움직임 따라

움직이게 되니 벼릿줄을 잘 잡으라는 뜻임。

(205)	王蠋이 曰
	왕촉이 말하기를
蠋 나비애벌레 (촉)	忠臣은 不事二君이요
事 섬길 (사)	충신은 두 임금을 섬기지 않고
烈 굳셀 세찰 매우 (렬)	烈女는 不更二夫니라。
更 고칠 (경)	열녀(節介가 곧은 여자)는 두 남편을
夫 지아비(남편) (부)	섬기지 아니하느니라。
	- 再嫁하지 않음.
(206)	忠子 - 曰
官 = 公職	충자가 말하기를
若 같을 (약)	治官엔 莫若平이요
平 = 公平함	官職을 다스리는 데는 公平함만 같은 것이 없고
臨 임할 대할 (림)	臨財엔 莫若廉이니라。
財 = 돈	財政을 관리함에는 청념(清廉)
廉 청념할 (렴)	함만 같은 것이 없느니라。
清廉 潔白함 (도둑질하지 않음)	

⑳⑦ 207	張思叔座右銘에曰
張 姓氏 ㉿장	장사숙 좌우명에 말하기를
叔 아재비 (숙)	凡語를 必忠信하며
座 자리 (좌)	모든 말은 반드시 충직하고 신용있이 하며
銘 새길 (명)	凡行을 必篤敬하며
凡 무릇 대개 모든 (범)	모든 행실은 반드시 도타웁고 공경스럽게 하며
篤 도타울 (독)	飮食을 必愼節하며
愼 삼갈 (신)	음식 먹기는 반드시 삼가고 절제하며
畫 = 劃과同	字畫을 必楷正하며
楷 해서 (해) (반듯한 서체)	글씨는 반드시 곧고 바르게 쓰며
貌 모습 (모)	容貌를 必端莊하며
莊 장엄할 (장) (치장. 단장)	용모는 반드시 단정하고 장엄하게 하며
整 가지런히할 (정)	衣冠을 必整肅하며
肅 엄숙 (숙)	의관은 반드시 정돈되고 엄숙하게 하며
	步履를 必安詳하며
	걸음걸이는 반드시 편안하고 침착하게 하며

處 곳 (처)
靜 고요 (정)
謀 꾀할 (모)
顧 돌아볼 (고)
常 떳떳 항상 (상)
固 굳셀 (고)
持 가질 (지)
然 그래, 라고 승락 함.
諾 허락 (락)
重 무거울 (중) (신중히 함)
善: 남의 선행
惡: 남의 악행 (악)
凡 무릇 모두 (범)

居處를 必正靜하며
거처하는 곳은 반드시 바르고 정숙하게

作事를 必謀始하며
일을 할때는 반드시 계획하고 시작하며

出言을 必顧行하며
말을 할때는 반드시 실천했나 돌아보며

常德을 必固持하며
떳떳한 덕을 반드시 굳게 지키며

然諾을 必重應하며
응낙할때는 반드시 신중히 대답하며

見善如己出하며
선을 보거든 자신에게서 나온것 같이하며

見惡如己病하라.
악을 보거든 자기의 병과 같이 여겨라.

凡此十四者는
이 열 네가지는 모두

深 깊을 ㉦	皆我未深省이라
省 살필 ㉦	다 나도 깊이 살피지 못하는 것이니
當 마땅 당연 ㉦	書此當座右하야
座 자리 ㉦ (席)	이 글을 자리의 곁에 붙여 놓고
	朝夕視爲警하노라。
警 깨우칠 ㉦	아침 저녁으로 보고 실천 하라고 알려주노라。
(208)	范益謙座右銘에曰
范 풀이름 ㉦ 姓氏	범익겸 좌우명에 말하기를
	一不言
謙 겸손할 ㉦	첫째는, 조정에서 일어나는 이해와
廷 조정 ㉦	朝廷利害邊報差除오
邊 갓 ㉦ (가장자리)	변방(지방)의 보고와, 差出하고 除名하는 것을 말하지 말것이오
差 가릴 ㉦ (선택함)	二不言
除 덜 ㉦ (덜어냄)	두번째는, 州와 縣系에 근무하는 官員의

州縣官員長短得失이오

장단과 득실에 대하여 말하지 말고

三不言

세번째는

衆人所作過誤之事오

여러사람이 저지른 잘못에 대하여 말하지 말고

四不言

네번째는

仕進官職趨時附勢오

벼슬에 나가 기회를 좇아 권세에 아부함을 말하지 말고

五不言

다섯번째는

財利多少厭貧求富오

재물의 많고적음과 가난을 싫어하고 부자되고자 함을 말하지 말고

六不言

여섯번째는

州	고을	주
縣	고을	현
衆	무리	중
過	허물	과
惡	그릇될, 잘못할	오
仕	벼슬할	사
趨	쫓을	주
附	붙을	부
勢	형세, 권세, 세력	세
少	적을	조
厭	싫을	염
求	구할	구
富	부자	부

淫 음탕할 ㉠음	淫媟戱慢評論女色이오,
媟 더럽힐 ㉠설	음탕하고 난잡한 농지거리나 여색에 대한 평론에 대하여 말하지를 말고,
戱 희롱 ㉠희	七不言
戲와 同字	일곱번째는
慢 게으를 거만할 ㉠만	求覓人物干索酒食이니라
	남의 물건을 탐내어 요구하거나, 酒食을 찾아 다니는 것을 말하지 말고,
覓 구할 찾을 ㉠멱	又人付書信을
	또 남이 부탁한 서신을
覔은 俗字	不可開圻沈滯요
干 방패 간섭할 ㉠간	뜯어보거나 지체시켜서는 안될 것이요
索 찾을 ㉠색	與人幷坐에
	남과 함께 나란히 있을 때는
付 부탁할 ㉠부	不可窺人私書요
坼 터칠 ㉠탁	남의 사사로운 글을 엿보아서는 안될것이요
幷 어울릴 ㉠병	凡入人家에
窺 엿볼 ㉠규	무릇 남의 집을 방문하였을 때

看 볼 (간) 借 빌릴 (차) 損 덜릴 (손) 壞 무너질 (괴) 還 되돌릴 (환) 喫 먹을 (끽) 揀 가릴 (간) 擇 가릴 (택) 去 버릴 갈 (거) 取 가질 (취) 便 편할 (편) 人 남 (인) (他人)	不可看人文字요 남의 文字를 보아서는 안될것이요 凡借人物에 남의 물건을 빌렸을때 不可損壞不還이요 손상시키거나 돌려주지 않으면 안될것이요 凡喫飮食에 음식을 먹을때에 不可揀擇去取요 가려서 버리거나 취해서는 안될것이요 與人同處에 남과 함께 거처할때 不可自擇便利요 자신의 편리만을 取擇해서는 안될것이요 凡人富貴를 남의 부귀를

歎 탄식 (탄)	不可歎羨詆毁니
羨 부러워할 (선)	부러워 하거나 헐뜯어서는 안될 것이니
詆 꾸짖을 (저)	凡此數事에
	이 몇가지 일에 대하여
毁 헐뜯을 (훼)	有犯之者면
犯 범할 (범)	범하는 자가 있다면
肖 닮을 본받을 (초)	足以見用意之不肖라
修 닦을 (수)	족히 마음 씀씀이가 어리석음을 알수 있으니
修理 修繕	於存心修身에
修道 修養	마음을 보존하고 몸을 닦는데에
	大有所害라
害 해로울 (해)	크게 해로운 바가 있는지라
因 인할 원인 (인)	因書以自警하노라。
警 깨우칠 경계할 (경)	이런 연유로 글로써서 스스로를
警察	경계토록 하노라。

(209)	武王이 問太公曰
武 군셀 병법 (무)	무왕이 태공에게 물어 말하기를
太 클 (태)	人居世上에
	사람이 세상에 다같이 살아가는데
得 얻을 (득) (어째서)	何得貴賤貧富不等고
安·得·何 (같은 뜻으로 씀)	어찌하여 귀천과 빈부가 고르지 않은가를
	願聞說之하야 欲知是矣로이다
等 무리 (등) (均等)	원컨대 말씀을 들어 까닭을 알고자 합니다
	太公이 曰
	태공이 말하기를
願 원할 (원)	富貴는 如聖人之德하야
德 큰 덕 (덕)	부귀란 성인의 덕과 같아서
由 말미암을 말미암을 달려있을 (유)	皆由天命이어니와
	모두가 다 하늘의 명에 말미암았거니와
節 마디 (절) (節度있음)	富者는 用之有節하고
	부자는 돈을 쓰는것에 절제가 있거니와

盜 도둑 (도)	不富者는 家有十盜니이다。 부유하지 못한 사람은 집에 열가지 도둑이 있어 그러하니이다。
(210)	武王이 曰 何謂十盜닛고 무왕이 말하기를 무엇을 열가지 도둑이라 합니까?
何 무엇 어찌 (하) 謂 말할 이를 (위)	太公이 曰 태공이 대답하여 말하기를
時 때 가 (시)	時熟不收ㅣ 爲一盜요 곡식이 익었는데 수확하지 않는것이 첫번째 도둑이요
熟 익을 (숙) (곡식이 여뭄)	收積不了ㅣ 爲二盜요 거둔것을 저장완료치 않는것이 두번째 도둑이요
收 거둘 (수) (收穫) 燃 불사를 (연)	無事燃燈寢睡ㅣ 하는 일 없이 등불을 켜놓고 잠자는 것이
睡 졸음 (수)	爲三盜요 세번째 도둑이요

慵 게으를 (용)
懶 게으를 (라)
미워할 (뢰)
功 공들일 (공)
專 오롯 (전)
害 해칠 (해)
養 기를 (양)
晝 낮 (주)
眠 졸음 (면)
嗜 즐길 (기)
慾 욕심 (욕)
嫉 시기할 (질)
妬 시기할 (투)

慵懶不耕이 爲四盜요
게을러서 농사짓지 않는것이 네번째 도둑이요
不施功力이 爲五盜요
무슨일에나 공력을 들이지 않는것이 다섯번째 도둑이요
專行巧害 – 爲六盜요
제멋대로 행하고 교활·피해가 여섯번째 도둑이요
養女太多 – 爲七盜요
딸 너무 많이 낳아 기르는것이 일곱번째 도둑이요
晝眠懶起 – 爲八盜요
낮잠자고 게을리 일어나는것이 여덟번째 도둑이요
貪酒嗜慾이 爲九盜요
술을 탐하고 욕구를 즐기는것이 아홉번째 도둑이요
强行嫉妬 – 爲十盜니이다
억지를 잘부리고 남을 시기하는 것이 열번째
도둑인 것입니다。 라고 하였다

(211) 武王은 周나라 文王의 아들로 所謂 堯·舜·禹·湯 文·武·周公 으로 이어지는 善政으로 天下를 다스린 聖君中의 한분이다. 姜太公은 文王에게 (拔擢)되어 발탁 文王·武王의 스승이 되었다。 耗 덜·쓸 (모) (써서 없애버림)	武王이 曰 무왕이 말하기를 家無十盜而不富者는 집에 열가지 도둑이 없는데도 부유하지 못함은 何如닛고 어찌하여 그렇습니까? 太公이 曰 태공이 말하기를 人家에 必有三耗니이다 그러한 사람의 집에는 반드시 세가지 소모하는것이 있어서 그러하니이다 武王이 曰 무왕이 말하기를 何名三耗닛고 무엇을 세가지 소모하는 것이라고 합니까? 太公이 曰 태공이 말하기를

倉 창고 (창)	倉庫漏濫不蓋 하여
庫 창고 (고)	창고가 지붕은 비가새고 곡식이 새는데도 덮지 않아
漏 샐 (루)	鼠雀亂食이 爲一耗요
濫 넘칠 (람)	쥐와 새들이 어지럽게 먹어대는것이 첫째 '모'요
蓋 덮을 (개)	收種失時가 爲二耗요
鼠 쥐 (서)	곡식을 거두고 씨뿌리는 때를 놓치는것이 둘째 '모'요
雀 참새 (작)	抛撒米穀 穢賤이
亂 어지러울 (란)	곡식을 마구흘리면서 더럽고 천하게 다루는것이
收 거둘 (수)	爲三耗 니이다。
抛 버릴 (포)	세번째 '모'라고 합니다。하였다。
撒 뿌릴 흩을 (살)	
穀 곡식 (곡)	※ 나라를 다스리는 王의 立場에서 볼때
穢 더러울 (예)	항상 가난한 百姓들이 골칫거리이니
	武王역시 그러하여, 스승 太公에게
	그 理由를 再次·三次 질문하였으니
	結局 答은 富者는 富者되게 행동
	하고, 貧者는 貧者되게 행동하기
	때문이라는 것이다。

⑫12	武王이 曰
武王은	무왕이 물어 말하가를
太公에게	家無三耗而不富者는
再次·三次	집안에 세가지의 손실이 없는데도 부자가
質問하여	何也닛고
가난한 百姓	되지 못하는 것은 어째서 입니까?
을 救濟	太公이 曰 人家에 必有
하려 하였음.	태공이 말하가를 사람의 집에는 반드시
錯 어긋날 ㉓(착)	一錯(錯覺)
誤 그릇될	첫째, 일을 잘못하는 것
㉤(오)	二誤(誤算)
痴 어리석을	둘째, 일을 그르치는 것
㉢(치)	三痴(痴拙)
失 잃을 ㉦(실)	셋째, 바보스러운 것
失手 / 失機 / 失策	四失(失手)
	넷째, 실수하는 것

逆 거스를 ㉾역	五逆 (拒逆)
祥 상서로울 ㉾상	다섯째, 인륜을 거역하는 것.
奴 노예 ㉾노	六不祥 (不祥事)
隷 노예(종) ㉾예	여섯째, 상서롭지 못한 것.
賤 천할 ㉾천	七奴 (奴隷)
愚 어리석을 ㉾우	일곱째, 종의 행세를 하는 것.
强 강할 ㉾강	八賤 (卑賤)
招 부를 ㉾초	여덟째, 천하게 구는 것.
禍 재앙(화) ㉾화	九愚 (愚昧)
降 내릴 ㉾강	아홉째, 어리석은 것.
殃 재앙 ㉾앙	十强하야 (强迫)
	열번째, 지나치게 강박함이 있어서이니
	自招其禍요
	그 화를 스스로 불러들이는 것이지
	非天降殃이니이다.
	하늘이 내려주는 재앙은 아닙니다.

⑵⑴⑶	
願 원할 ㉯원	武王이 曰
悉 자세히 ㉯실	무왕이 다시 말하기를
聞 들을 ㉯문	願悉聞之하나이다.
養 기를 ㉯양	그 자세한 내용을 모두 듣고자 합니다.
嬰 어릴 ㉯영	太公이 曰
孩 어릴 ㉯해	태공이 답하였다.
誤 잘못될 ㉯오	養男不教訓이
嚴 엄할 ㉯엄	자식을 낳아 기르기만 하고 교육시키지 않는 것이
訓 가르칠 ㉯훈	爲一錯이요
痴 어리석을 ㉯치	첫번째의 잘못이요
- 白痴 아무것도 모름.	嬰孩不訓이 爲二誤요
	어린아이 때부터 교육치 않는 것이 두번째 잘못이요
	初迎新婦不行嚴訓이
	처음 아내를 맞이하여 엄하게 훈계치 않는 것이
	爲三痴요
	세번째의 어리석음이라 하는 것이요

笑 웃을 ㉠소	未語先笑ㅣ 爲四失이요
養 봉양할 ㉠양	말하기전에 웃기부터 하는것이 네번째 失手요
逆 거스를 ㉠역	不養父母ㅣ 爲五逆이요
	부모를 봉양치 않는것이 다섯번째 거역하는 것이요
赤 붉을 ㉠적	夜起赤身이 爲六不祥이요
祥 상서로울 ㉠상	밤에 알몸으로 다니는것이 여섯번째 상서롭지 못함이요
挽 당길 ㉠만	好挽他弓이 爲七奴요
奴 종 ㉠노	남의활로 쏘기를좋아하는것이 일곱번째 종노릇함이요
騎 말탈 ㉠기	愛騎他馬ㅣ 爲八賤이요
喫 먹을 ㉠끽	남의말 빌어타기를좋아하는것이 여덟번째 천함이요
勸 권할 ㉠권	喫他酒 勸他人이
愚 어리석을 ㉠우	남의술얻어먹으며 그 술을 다른 사람에게 권하는것이
飯 밥 ㉠반	爲九愚요
	아홉번째 어리석음이요
	喫他飯 命朋友ㅣ
	남의 밥을 얻어먹으면서 친구를 끌어드리는 것이

強 = 剛	爲十强 이니이다。
剛愎(퍅)	열번째 지나친(비뻔뻔한) 행동인것입니다。
고집이 세고	武王이 曰
性味가 깔깔	무왕이 듣고 말하기를
하다.	其美誠哉라 是言也여。
甚 심할 (심)	참으로 아름답고도 진실하도다 이 말씀이여
매우·심히	라고 하였다。
誠 정성 (성)	
哉 어조사 (재)	• 殷(商)나라 末期에 紂王은 폭정이 심했다
愎 까다로울	百姓이 살 수 없을 정도여서 姜太公은
(퍅)	渭水에서 곧은 낚시를 江에 담가 놓고
乖愎할	밝은 世上을 기다리고 있었다.
乖 어그러질	그러다가 文王이라는 賢君을 만나
(괴)	善政을 하였다. 文王의 아들 武王 또한
殷 은나라 (은)	太公을 스승으로 모셔 仁의 政治로
商나라라고도	民心을 얻어 紂王을 몰아내고 父親
함.	周 文王을 이어 天子가 되었다。
紂 껑거리끈	
주임금 (주)	
渭 물이름 (위)	

(214)	明道先生이 曰
明道先生의 名은 程顥로 北宋의 儒學者. 道學에 밝다 하여 붙여진 이름이다.	명도선생이 말하기를
	一命之士ㅡ
	처음으로 벼슬을 任命받은 선비가
	苟有存心於愛物이면
	진실로 나라의 물건을 아끼는 마음을 가진다면
	於人에 必有所濟니라。
苟 진실로 구차할 (구)	自己가 다스리는 사람들을 반드시 잘
	救濟할 수 있을 것이니라。
濟 건널 구할 (제)	
(215)	唐太宗 御製에 云하되
唐太宗은 당나라 제2代 임금으로 아버지 李淵을 도와서	당나라 태종의 어제에 이르기를
	上有麾之하고
	위에는 일을 指示하는 임금이 있고
	中有乘之하고
	중간에는 그 指示를 遂行하는 官吏가 있고

隋나라를 滅하고 唐나라를 세웠음.	下有附之하여
御製 : 임금이 直接 지어 官吏들에게 내린글.	그 아래에는 따르는 百姓들이 있어서
	幣帛衣之요
	(너희 官吏는) 비단으로 옷해입고
	倉廩食之하니
	창고에 곡식을 쌓아 두고 밥해 먹으니
麾 대장旗 (지휘함) ㉿ 휘	爾俸爾祿이
	알고 보면 너희들이 받는 봉록이
幣 비단 폐백 (폐)	民膏民脂니라
帛 비단 (백)	모두 백성들에게서 짜낸 기름이니라
廩 곳집 창고 (름)	下民은 易虐이어니와
膏 기름 (고)	관리들이 아래 百姓들을 虐待키는 쉬우나
脂 기름 (지)	上蒼은 難欺니라.
蒼 푸를 (창)	위에서 내려다 보고 있는 푸른 하늘은
欺 속일 (기)	속이기 어려우니라.

(216)	童蒙訓에 曰
童蒙訓이란	동몽훈에 이르기를
宋나라 때 呂本中이	當官之法이 唯有三事하니
아이들을 가르	관직을 맡아 지켜야 할 법이 오직 세가지가 있으니
치기 위해 지은	曰清 曰愼 曰勤이라
책 이름。	청렴함과 신중함과 근면함이다.
當官 - 벼슬살이 하는 것	知此三者면
持身 - 몸가짐	이 세가지를 안다면
(身分을 유지함)	知所以 持身矣니라。
蒙 어릴 (몽)	곧 몸가질 바를 아는 것이니라。
(217)	當官者는
暴 사나울 (포)	관직을 맡은 자는
드러낼 (폭)	必以暴怒爲戒하여
怒 성낼 (노)	반드시 갑자기 성내는 것을 경계하여

詳 자세히 ㉥상	事有不可어든
	일이 옳지 않음이 있거든
處之：處理	當詳處之면
中：適中 (딱 맞힘)	마땅히 상세히 처리한다면
	必無不中이어니와
暴 사나울 ㉥포	반드시 맞지 않음이 없을 것이나
나타낼 ㉥폭	若先暴怒면
暴怒(포노)	만약 사나웁게 화부터 낸다면
(성깔 부림)	只能自害라
暴露(폭로)	다만 능히 자신을 해롭게 할 뿐이니
부정·비리 등을 언론에 말하다	豈能害人이리오。
	어찌 능히 남에게 해를 입히는 것이리오。
只 다만 ㉥지	
害 해칠 ㉥해	— 성깔을 부려 남에게 성내는 것은 自己만 害를 입게 된다는 뜻임。
豈 어찌 ㉥기	

218	事君을 如事親하고
事 섬길 (사)	임금 섬기기를 어버이 섬기듯이 하고
親 어버이 (친)	事長官을 如事兄하며
與 함께 (여)	윗 관리 섬기기를 형님 섬기듯이 하며
僚 벼슬아치 (료)	與同僚를 如家人하고
官僚	동료들과 사귀기를 가족같이 하고
同僚	待群吏를 如奴僕하며
群 무리 (군)	여러 관리 대하기를 자기집 노복같이 하며
吏 아전 (리)	愛百姓을 如妻子하고
奴 여종 (노)	백성 사랑하기를 처자와 같이 하고
僕 남종 (복)	處官事를 如家事
處 곳 (처)	관청의 일 처리하기를 자기집 일같이 한
處理함	然後에야
盡 다할 (진)	그런 뒤에라야
	能盡吾之心이리니
	능히 내 마음을 다하였다고 할것이니

毫 터럭 (호) 末 끝 (말) 至 지극할 (지) 未 아닐 (미) 盡 다할 (진)	如有毫末不至면 만약 털끝 만치라도 지극하지 못함이 있다면 皆吾心에 모두가 내 마음에 有所未盡也니라。 다하지 못한 바가 있어서니라。
(219) 或 혹시 (혹) 或者(어떤 사람) 簿 장부책 (부) 簿：主簿 令：守令 (벼슬이름)	或이 問 어떤 사람이 물어 말하기를 簿는 佐令者也니 主簿는 守令(고을 원)을 돕는자이니 簿所欲爲를 主簿가 하고자 하는 바를 令或不從이면 奈何닛고 守令이 따르지 않는다면 어찌 됩니까?

伊川先生이 曰

이천선생이 대답하여 말하기를

當以誠意動之니라

마땅히 성의로써 움직여야 할 것이니라

今令與簿 不和는

지금 수령과 주부가 불화하는 것은

便是爭私意요

곧 이 사적인 일로 다투는 것이라

令은 是邑之長이니

수령은 이 고을의 가장 우두머리이니

若能以事父兄之道로

만약(主簿가 守令을) 부형을 섬기는

事之하여

도리로써 섬겨서

過則歸己하고

잘못된 것은 자기 탓으로 돌리고

佐 도울 ⓐ좌

奈 어찌 ⓐ내 / 어찌 ⓐ나

伊 저 이 ⓐ이

便 곧 / 문득 ⓐ편 / 편할 / 오줌·똥 ⓐ변 / 남려 ⓐ편

令 {縣令 / 守令} {원님 / 삿또}

※ 伊川先生은 北宋의 儒學者로 洛陽人 이름은 程頤(정이) 字는 正淑(정숙)

顥는 伊川이다 兄인 明道先生 程顥(정호)와 함께 周濂溪에서 學問을 닦았다	善則
	잘된 것이 있다면
	唯恐 不歸於令하여
	행여 수령에게 功이 가지 않을까 두려워하여
	積此 誠意면
頤턱 (이)	이 같이 성의를 쌓아 간다면
顥빛날 (호)	豈有 不動得人이리오
濂 엷을 시내이름 (렴)	어찌 사람을 감동시켜 움직이지 못함이
唯오직 (유)	있겠는가?
(220)	劉安禮 - 問臨民한대
臨 임할 다다를 (림)	유안례가 백성 대하는 도리를 물으니
林림. 降림	明道先生이 曰
	명도선생이 말하기를
使하여금 부릴 (사)	使民으로
	백성들로 하여금

各得 輸其情이니라

각자 자기의 뜻을 펴게 할것이니라.

問御吏한대 曰

관리 거느리는 방법을 물으니 말하기를

正己 以格物이니라.

自身부터 바르게 한 다음에 남(관리)에게 '바르게하라'고 할것이니라.

- 劉安禮 : 字는 元素로 北宋人
- 明道先生 : 伊川先生의 兄으로 이름은 程顥(정호)
- 輸其情 : 民願을 官청에 전달하는 것
- 御吏 : 벼슬아치들을 다스림.
- 正己 : 自身부터 바르게 함.
- 格物 : 事物을 對함. 부딪힘.
- 百姓들의 欲求를 들어주라는 것이니 지금의 民願室 운영과 같은 것이오, 남을 指示·統率하려면 반드시 自身부터 率先垂範하라는 敎訓임.

輸	보낼	수
御	부릴, 다스릴	어
吏	아전, 관원	리
格	부딪힐, 품격, 격식	격
劉	죽일, 도끼, 姓氏	류
伊	저(彼)	이
素	흴, 본디	소
程	길, 姓氏	정
顥	클, 빛날	호
率	거느릴	솔
垂	드리울	수

㉑ 221	抱朴子-曰
抱 안을 (포)	포박자가 말하기를
迎 맞을 (영)	迎斧鉞而正諫하고
斧 도끼 (부)	비록 도끼형벌을 당하더라도 잘못을 諫하고
鉞 큰도끼 (월)	據鼎鑊而盡言이면
諫 웃사람에게 간청드릴 (간)	가름 솥에 던져지더라도 옳은 말을 드린다면
據 의거할 (거)	此謂忠臣也니라。
鼎 솥 (정)	이를 일러 충신이라 할것이니라。
鑊 가마솥 (확)	
晋 나라 (진)	- 抱朴子 : 晋나라 사람 葛興의 號다. 神仙術을 즐겨 닦았으며 나라 政治에도 참여 했다. 그의 著書도 그의 號를 따서 '포박자'라고 이름하였다.
葛 칡 (갈)	內·外 두편으로 나뉘어져 內篇에서는 神仙術을, 外篇에서는
著 지을 (저)	時政의 得失과 人事의 善否를 論하였다。

222	司馬温公이 曰
司 맡을 사	사마온공이 말하기를
温 따스할 온	凡諸卑幼는
	무릇(모든) 낮은이와 어린이는
毋 없을 말 무	事無大小而
	일의 크고 작음을 가릴것 없이
專 오롯 전	毋得專行하고
咨 물을 자	제 마음대로 행동하거나 결정짓지 말고
諮와 同字	必咨稟於家長이니라.
稟 여쭐 아뢸 품	반드시 집안 어른에게 여쭈어야 하느니라.
家長: 한집의 제일 어른.	
223	待客엔 不得不豊이요
豊 풍년 풍	손님을 접대할때는 풍성히 하지 않을수 없고
儉 검소할 아껴쓸 검	治家엔 不得不儉이니라.
	집을 다스림에는 검소하지 않을수 없느니라.

(224)	太公이 曰
痴 어리석을	태공이 말하기를
(치)	痴人은 畏婦하고
畏 두려울 (외)	어리석은 사람은 아내를 두려워 하고
敬 공경 (경)	賢女는 敬夫니라。
夫 남편 (부)	지혜로운 여자는 남편을 공경하느니라。
婦 아내 (부)	
(225)	凡使奴僕에
使 부릴 (사)	모든 노복(하인·일꾼)을 부릴때는
奴 여종 (노)	先念飢寒이니라。
僕 남종 (복)	먼저 그들이 춥거나 배고픈 가를
飢 주릴 (기)	염려(생각)하여야 하느니라。
(226)	子孝 雙親樂이요
	자식이 효도하면 두 어버이가 즐겁고

가정 = 집안	家和萬事成이니라。
萬事 = 일만가지의 일	가정이 화목하면 모든 일이 잘 이루어지느니라。
㉒㉗	時時防火發하고
時時 = 언제나, 항상	때때로 불이 날까 방비하고
夜夜 = 매일 밤	夜夜備賊來니라。
	밤마다 도둑이 들까 방비할지니라。
㉒㉘	景行錄에 云하되
朝夕 = 아침 식사와 저녁 식사	경행록에 이르기를
晏 늦을 (안)	觀朝夕之早晏하야
替 쇠할 (체)	아침과 저녁의 이르고 늦음을 보아
	可以卜人家之興替니라。
	그 집이 흥하고 쇠할것을 점쳐 알수 있느니라。

229	文仲子 曰
仲 버금 중 (두번째)	문중자가 말하기를
文仲子 :	婚娶而 論財는
隋나라 때	혼인하고 장가드는 데 재물을 논하는 것은
學者로 이름	夷虜之道也니라。
은 '王道' 다.	오랑캐들이나 하는 짓이니라。
李世民을 도와	
唐나라를 일으	— 婚姻이란 한 家庭을 이룸이오
켰는데.	비로소 成人이 한쌍으로 社會에
文仲子란	出發하는 첫걸음이다. 結婚은
그의 死後	神聖하고도 重大한 禮式이다.
文人들이 부른	男女間의 사랑과 人格을 앞세워야
'號'다。	한다. 財物의 多少를 婚姻의
娶 장가들 (취)	條件으로 삼는 것은 오랑캐라는 것이다.
夷 오랑캐 (이)	위에서 말한 財는 婚需를 말한
虜 오랑캐 (로)	것으로 대개 중매자나 어른들이 조건으로
	흥정하는 경우가 많으니 삼가라는 것임。
	需 구할 (수) 所用되는 物品. 必需品
	軍需物資. 婚需品. 祭需用品 등.

㉓⓪ 230	顔氏家訓에 曰
顔 얼굴 안	안씨가훈에 말하기를
顔氏家訓 :	夫有人民而後에
北齊(제나라)	대저 백성(사람)이 있은 후에
의 '顔之推'	有夫婦하고
라는 사람이	부부가 있고
지었으며	有夫婦而後에
두권의 册으로	부부가 있은 후에
되어 있다.	有父子하고
安義 :	부자가 있고
옳은 것을 알아	有父子而後에
편안히 함.	부자가 있은 후에
	有兄弟하니
	형제가 있으니
	一家之親은
	한 집안에서 가장 친함은

而 말이을 (이)	此三者而已矣라
已 이미 (이)	이 세가지 뿐이다
而已 :	自玆以往으로 至于九族이
…할 따름이다	여기에서 나아가 九族에 이르기까지
…할 뿐이다	皆本於三親焉故로
玆 이것 (자)	모두 이 삼친(부부·부자·형제)을 근본으로 하니
往 갈 (왕)	於人倫에 爲重也니
至 이를 (지)	인륜에 있어서 가장 중요한 것이니
于 어조사 (우)	不可不篤이니라。
倫 인륜 (륜)	가히 서로 돈독히 하지 않으면 안되느니라
篤 도타울 (독)	＊九族 1、高祖.曾祖.祖.父.나.子.孫.曾孫.玄孫 2、親家.外家.妻家의 父母、兄弟、조카 모두。
231	莊子曰
莊 장엄할	장자가 말하기를
치장할	兄弟는 爲手足하고
별장 (장)	형제는 수족(手足)과 같고

夫婦는 爲衣服이니

부부는 의복과 같으니

衣服破時엔

의복이 떨어졌을 때에는

更得新이어니와

다시 새것으로 갈아 입을 수도 있지만

手足斷處엔

수족이 끊어지면

難可續이니라。

다시 잇기가 어려우니라。

- 兄弟는 한 父母에서 태어난 同氣로 우애하여야 父母님께 효도하는 것이며 家門의 發展을 이루게 된다.

夫婦사이를 옷에 비유한 것은 야박할 수도 있으나 이혼율이 높은걸로 보아 현실이 그러하다.

그러나 夫婦있은 다음에야 父子도 兄弟도 있으니, 三親中에 夫婦가 우선。

한자	뜻	음
夫	지아비 남편	부
婦	며느리 아내 부인	부
衣	옷	의
服	옷 입을 먹을	복
破	깨질 헤질	파
更	다시 고칠	경
斷	끊을 자를	단
處	곳	처
難	어려울	난
續	이을	속

㉜ (232)	蘇東坡 — 云 하되
蘇 차지기 소엽 (소) (식물名)	소동파가 이르기를
	富不親兮貧不疏는
蘇東坡는	부자와 친하지 않고 빈자를 소홀히 않음은
姓은 蘇氏	此是人間大丈夫요
名은 軾	이것이 바로 인간 대장부인 것이요
號는 東坡로	富則進兮 貧則退는
中國 北宋때	부유하면 찾아가고 가난하면 물러나는것은
第一의 詩人. 遺詩인	此是人間眞小輩니라。
'赤壁賦'로	그야말로 인간 소인배인 것이니라。
더욱 有名하다。	
坡 언덕 (파)	— 富貴와 貧賤은 돌고 도는 것이며
	인품과 인격과는 無關한 것이다.
是 옳을 정말 (시)	富者와 친하며 무슨 덕좀볼까 접근하고
	貧者와 가까이 하며 損害보지
眞 참 (진)	않을까하여 멀리한다.
	그러나 있는자는 차가웁고
輩 무리 (배)	없는자가 情이 많고 理解心도
	많으니 物質에 連延하지 말아야 한다。

17、遵禮篇(禮를 좇음)

㉓㉓ 233	子-曰
遵 좇을 (준)	공자께서 말씀하기를
遵法·遵守	居家有禮故로
居 살 (거)	집안에 거처함에 예가 있으므로
辨 분별 (변)	長幼辨하고
閨 문지방	어른과 아이가 분별되고
(규)	閨門有禮故로
(안식구들이 거처하는 곳)	안방에 예가 있으므로
族 겨레 일가 (족)	三族和하고
	삼족(父母、自己、子女)이 화목하고
和 화목할 (화)	朝廷有禮故로
爵 벼슬 (작)	조정에 예가 있으므로
序 차례 (서)	官爵序하고
獵 사냥 (렵)	관작의 차례가 있고
	田獵有禮故로
	사냥에 예가 있으므로

戎 병기 ㉯(융)	戎事閑 하고
閑 한가할 (한)	군사와 총기(銃器)가 안정되고
(편안함)	軍旅有禮故로
軍 군사 (군)	군대에 예가 있으므로
旅 나그네 군사 (려)	武功成이니라。
武 힘쓸 (무)	무공이 이루어 지느니라。
功 공이룰 (공)	
(234)	子 — 曰
勇 용감할 (용)	공자께서 말씀하기를
	君子 — 有勇而無禮면
亂 어지러울 (란)	군자가 용맹만 있고 예가 없으면
	爲亂 하고
禮 예도 (례)	난리를 일으키고
	小人이 有勇而無禮면
	소인이 용맹만 있고 예가 없으면

爲 행할 ㉠	爲盜니라。
盜 도적질할 ⓓ	도둑질을 하느니라。
	– 도둑질하는 자는 '설마 들키랴' 하지만 결국 들키게 되는 것이니 어리석은 자이다。
(235)	曾子 – 曰
曾子：孔子의 弟子	증자가 말하기를
	朝廷엔 莫如爵이오
朝：아침 조정 ⓩ	조정(정부)에서는 벼슬(작위)만한 것이 없고
廷 조정 ⓙ	鄕黨엔 莫如齒오
爵 벼슬 ⓙ	향당(마을)에서는 나이만한 것이 없고
黨 무리 ⓓ	輔世長民엔
齒 잇빨 나이 ⓒ	세상을 유익하게 돕고 백성을 잘되게 하는데는
輔 도울 ⓑ	莫如德이니라。
曾 일찍 ⓙ	덕만한 것이 없느니라。

(236)	老少長幼는
幼 어릴 (유)	노인과 젊은이, 어른과 아이의 順齒는
秩 차례 (질)	天分秩序니
序 차례 (서)	하늘이 나누어 놓은 질서이니
悖 거스를	不可悖理而
(패)	가히 이 이치를 어겨 (거슬려)
傷 다칠 (상)	傷道也니라。
齒 잇빨 나이 (치)	도덕(도리)를 상하게 해서는 안되
	느니라。
(237)	出門如見大賓하고
出 나갈 (출)	문밖을 나설때는 큰손님을 뵙듯이 하고
賓 손님 (빈)	入室如有人이니라。
入室: 빈방에 들어 감.	방안에 들어올 때에는 안에 사람이
	있는것 같이 조심해야 하느니라。

238	若要人重我 -ㄴ대
要 : 要望	만약 남이 나를정중히 대해주기를 바란다면
無過 : 不過	無過 我重人이니라。
(지나지 않음)	내가 남을 정중히 여겨야 하는 것에 지남이
重人 : 남을	없느니라。
鄭重히 대함	
239	父不言子之德하며
不言 : 말하지	아버지는 자식자랑을 하지 않는것이며
말아야 한다.	子不談父之過니라。
不談 :	아들은 아버지의 흉을 말하여서는 아니
이야기를	되느니라。
하지 말아야	- 마누라자랑 자식자랑은 八不出
한다.	이라는 우리나라 俗談도 있으니
	조심하여야 할 일이다.
談 말씀 (담)	또한 제 식구 흉보는 것도 제 얼굴에
過 허물 (과)	침뱉기이니 될 수 있으면 가족
	이야기는 피하는 것이 상책이다。

18. 言語篇(말을조심하라)

240

劉會曰

유회가 말하기를

言不中理면

말이 이치에 맞지 않으면

不如不言이니라。

말을 하지 않느니만 못하니라。

劉 姓氏 (류)
묘(卯), 금(金), 도(刂) (류)

中 = 適中으로 (꼭 맞추다)

理 = 條理 理致

241

一言不中이면

한마디 말이라도 맞지 않으면

千語無用이니라。

천마디 긴 말을 하더라도 쓸데가 없느니라。

— 鵠 고니(물새의 한가지) 곡, 정곡 곡.

中 = 適中으로 動詞.
화살이 과녁의 正中央(正鵠)을 適中함.

242

君平이 曰

군평이 말하기를

口 입 ㉮구	口舌者는
舌 혀 ㉮절	입과 혀는
者 것 ㉮자	禍患之門이요
禍 재앙 ㉮화	재앙과 환란을 불러들이는 문이요
患 근심 ㉮환	滅身之斧也니라。
滅 멸망할 죽을 ㉮멸	자신을 망하게 하는 도끼이니라。
斧 도끼 ㉮부	
243	利人之言은
煖 따뜻할 ㉮난	사람을 이롭게(듣기좋게) 하는 말은
綿 솜 ㉮면	煖如綿絮하고
絮 솜 ㉮서	따뜻하기가 솜털과 같고
傷 다칠 ㉮상	傷人之語는
荊 가시 ㉮형	사람을 해치는(속상하게 하는) 말은
棘 가시 ㉮극	利於荊棘하야
	날카롭기가 가시와 같아서

重：所重 貴重 莫重	一言利人에
	한마디 말로 사람을 이롭게 함에
値값 ㉠치	重値千金이요
千金： 많은 돈	중하기가 천금의 값어치요
	一語傷人에
中傷：터무니 없는 말로 남을 헐뜯음	한마디 말로 사람을 중상(中傷)함에
	痛如刀割이니라。
痛 아플 ㉠통	아픈기가 칼로 베는 것과 같으니라。
割 벨 ㉠할	
(244)	口是傷人斧요
是 바로 ㉠시 이야말로	입은 바로 사람을 상하게 하는 도끼요
閉 닫을 ㉠폐	言是割舌刀니
	말은 바로 혀를 베는 칼인 것이니
藏 감출 ㉠장	閉口深藏舌이면
	입을 꼭 다물고 혀를 깊숙이 감추어 두면

牢 굳을 뢰 (견고할) 處處 : 가는곳마다. 어디를 가든. ※本章의 出典은 서기 1504년 晋州 고을에서 行해졌던 所謂 '愼言牌'의 內容으로서 웃지 못할 기막힌 事緣이 있으니 右側에 記錄하였다.	**安身處處牢니라。** 몸을 편안히 함이 어딜가나 견고하리라。 ─ 西紀 1504年 燕山君이 王位에 오른지 10年째 되든 해에 晋州 고을에 난데없는 平地風波로 일대 騷動이 일어났다. 奸臣 任士洪이 別定 採紅使라는 職責으로 王命을 받아 美人을 뽑아 올리러 내려와 있었다. 荒淫無道한 燕山君은 서울美人 만으로는 성이 안차 全國의 美人을 索出해 뽑아 올리라 命하였던것이다. 이런 內容을 알게된 晋州 고을 百姓들은 모이기만 하면, 당시 王인 燕山을 비난하고 꾸짖고 辱을 해댔다. 그래서 任士洪은 경상감사 成世貞과 모의해 百姓의 입을 막으려고 愼言牌를 만들어 앞 가슴에 달고 다니도록 하였는데, 그 內容이 바로 本章의 內容이었으니 입과 혀를 조심하여야 신상이 편할것 이란 협박이었던 것이다。
原文 : 口是禍之門이요 舌是斬身刀니 閉口深藏舌이면 安心處處牢니라。	

㉔⑤ 245	逢人에 且說三分話하고
拋 버릴 (포)	사람을 만나 말할때 10의 3만 말하고
怕 두려울 (파)	未可全拋一片心이니
恐 두려울 (공)	지니고 있는 一片心 모두를 버리지 말지니
樣 모양 (양)	不怕虎生三個口요
兩樣心 :	세사람 입에서 호랑이가 생기는걸 두려워 말고
이야기를 들을 때는 '안되었네'	只恐人情兩樣心이니라。
라고 하고서는	다만 사람의 두모양 마음을 두려워 할
다른 친구에게	것이니라。
옮길때는	
흉을 보는 두	※ 三口成虎 : 친구 셋이 짜고 한친구를 놀리
모양 마음이다.	려고 호랑이를 뒷산에서 보았다고 거짓말을
	하면, 처음 들을때는 '농담마', 두번째는
	'설마', 세번째는 '그래정말!' 한다는 것。
246	酒逢知己千鍾少요
鍾 술잔 (종)	술이란 知己之友를 만나면 천잔도 적고
機 기회 (기)	話不投機一句多니라。
句 글귀 (구)	말이란 해야할 곳에 하지 않으면 한마디도 많으니라

19、交友篇(벗을 잘 선택하라)

247 子-曰

공자께서 말씀하기를

與善人居면

선한 사람과 같이 살면

如入芝蘭之室하야

마치 지초나 난초가 있는 방에 들어간것같아

久而不聞其香이나

오래되면 그 향기는 맡을 수 없으나

卽與之和矣요

곧 더불어 자신도 향기와 同和될 것이요

與不善人居면

선하지 못한 사람과 같이 살면

如入鮑魚之肆하야

비린내 나는 생선가게에 들어간것 같아서

久而不聞其臭나

오래되면 그 냄새는 맡을 수 없으나

- 與 함께 (여)
- 居 살 (거)
- 芝 지초 (지)
- 蘭 난초 (난)
- 室 집 (실)
- 久 오랠 (구)
- 卽 곧 (즉)
- 矣 어조사 (의)
- 鮑 어물 (포)
- 肆 가게 (사)
- 聞 들릴 (문)
- 臭 냄새 (취)

亦 또 (역) 化 될 (화) 변할 丹 붉을 (단) 藏 감출 (장) 赤 붉을 (적) 漆 옻 (칠) (옻나무 진) 愼 삼갈 (신) 處 = 居處 與 함께 (여) 焉 어조사 (언)	亦與之化矣니 또한 더불어 자신도 냄새에 同化 되나니 丹之所藏者는 赤하고 붉은 朱砂를 지니고 있는 자는 붉어지고 漆之所藏者는 黑이라 검은 옻을 지니고 있는 자는 검어지느니라 是以로 君子는 그러므로 군자는 必愼其所與處者焉이니라。 반드시 자기와 함께 있을 사람을 신중히 가려야 하느니라。
(248) 家語 : 책 이름	家語에 云하되 孔子家語에 이르기를 與好學人同行이면 학문을 좋아하는 사람과 같이 가면

如霧露中行하야
마치 안개속을 가는 것과 같아서

雖不濕衣라도
비록 옷은 젖지 않더라도

時時有潤하고
점차 윤택함이 배어 들고

與無識人同行이면
무식한 사람과 함께 가면

如厠中坐하야
마치 뒷간에 앉은것 같아서

雖不汚衣라도
비록 옷은 더럽히지 않더라도

時時聞臭니라。
점차 내 옷에서도 냄새가 풍겨지느니라。

霧 안개 (무)
露 이슬 (로)
濕 젖을 (습)
雖 비록 (수)
潤 윤택할 빛이날 (윤)
識 알 (식) (많이 알고 있음)
厠 뒷간 (측)
坐 앉을 (좌)
汚 더러울 (오)
衣 옷 (의)
時時 : 때때로
臭 냄새 (취)

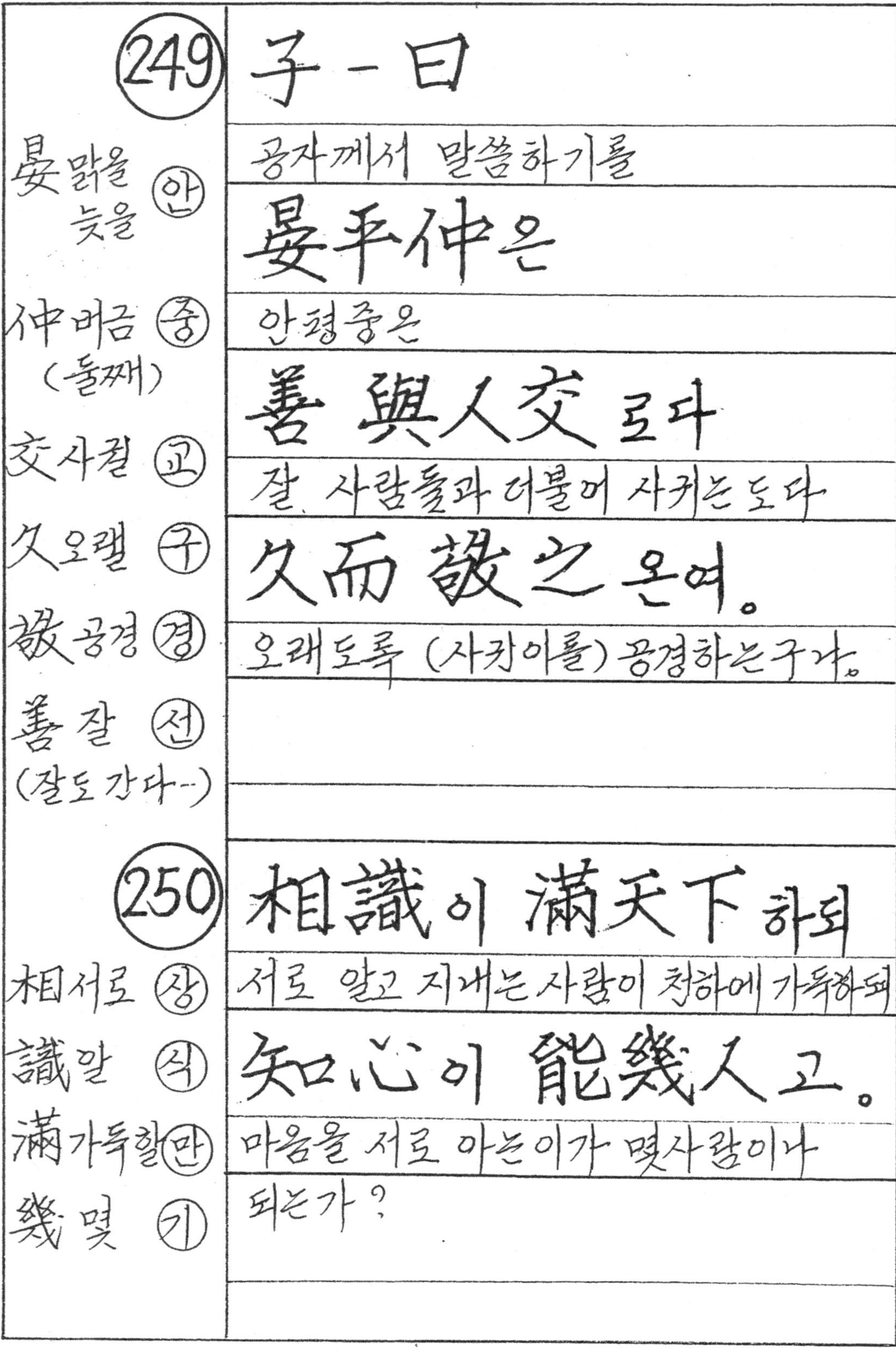

249

子 - 曰

공자께서 말씀하기를

晏平仲은

안평중은

善與人交로다

잘 사람들과 더불어 사귀는도다

久而敬之온여。

오래도록 (사귄이를) 공경하는구나。

晏 맑을 늦을 (안)

仲 버금 (중) (둘째)

交 사귈 (교)

久 오랠 (구)

敬 공경 (경)

善 잘 (선) (잘도 간다~)

250

相識이 滿天下하되

서로 알고 지내는 사람이 천하에 가득하되

知心이 能幾人고。

마음을 서로 아는이가 몇사람이나 되는가?

相 서로 (상)

識 알 (식)

滿 가득할 (만)

幾 몇 (기)

(251)	酒食兄弟는 千個有로대
食 밥 먹을 (식)	술자리에서 형·아우하는자는 천명 있어도
個 낱 (개)	急難之朋은 一個無니라。
(한개 두개)	위급한때 도와줄 친구는 한사람도 없느니라。
急 급할 (급)	
難 어려울 (난)	
(252)	不結子花는 休要種이요
結 맺을 (결)	열매를 맺지않는 꽃은 심으려 하지 말고
結子 : 씨	無義之朋은 不可交니라。
(열매)를 맺음	의리가 없는 친구는 사귀지 말지니라。
休 쉴 (휴)	
(253)	君子之交는 淡如水하고
淡 맑을 (담)	군자의 사귐은 담담하기가 물과 같고
醴 단술 (예)	小人之交는 甘若醴니라。
식혜(감주)	소인의 사귐은 달콤하기가 단술 같으니라。

(254) 遙 멀 (요) 아득할 거닐 路 길 (로)	路遙知馬力이요 길이 멀어야 말의 힘을 알 수 있고 日久見人心이니라。 오랜 시일이 지나야 사람의 마음을 알 수 있느니라。

路遙 : 길을 멀리 가 보아야

知馬力 : 말의 힘이 強한지 弱한지 알 수 있다.

日久 : 세월이 오래 되야

見人心 : 사람의 마음을 알수 있다.

見 = 볼수 있다.

※ 짧은 거리에서는 어느 말이나 잘 달리지만 먼 거리를 갔을 때에야만 말의 우수성을 알 수 있는 것이다.

車가 없던 時代에는 교통수단이나 戰場에서 말(馬)의 效用性은 대단하였을 것이다.

우수한 將帥가 되려면 우수한 말이 있어야 했으니 項羽의 赤土馬니 千里馬니 하는 것은 지금의 BMW 니 벤츠니 하는 이야기와 같았을 것이다。

말(馬)에 대한 例를 들어 말함은 다음 文章을 말하고자 함이니 사람 역시 며칠 상대로는 그 사람됨을 알아낼 수 없을 것이나, 오랜 기간을 상대하다 보면 그 속마음까지 자연히 알 수 있게 된다는 뜻이다。

⑵⑸⑸	益智書에 云하되
婦 며느리 아내 부인 ㉮부	익지서에 이르기를
益 더할 ㉮익	女有四德之譽하니
智 지혜 ㉮지	여자에게 네가지 덕의 아름다움이 있으니
譽 기릴 ㉮예	一曰婦德이요
德 덕 ㉮덕	첫째는 부덕, 즉 婦人다운 德行이요
容 얼굴 용서 ㉮용	二曰婦容이요
言 말씀 ㉮언	둘째는 부용, 즉 婦人다운 容貌요
工 재주있을 ㉮공	三曰婦言이요
	셋째는 부언, 즉 婦人다운 言行이요
	四曰婦工也니라.
	넷째는 부공, 즉 婦人다운 솜씨니라.
	一 婦人의 道는 첫째, 心性이 고와야 하고 둘째, 容貌를 아름답게 가꿔야 하며, 셋째, 조용하고 가늘게 말해야 하며, 넷째, 솜씨가 좋아서 옷이면 옷, 음식이면 음식으로 가족의 품위와 건강을 지켜야

256	婦德者는
不必:	부인의 아름다운 덕이라 하는 것은
반드시-- 함이 아니다.	不必 才名絶異요
	반드시 재주와 이름이 뛰어남을 말하는 것이 아니요
才名: 재주와 명성.	婦容者는
絶異:	부인의 얌전 얼굴 모습이란
남다르게 뛰어나다.	不必 顔色美麗요
顔色:	반드시 얼굴 빛이 아름답고 고운것을 말하는 것이 아니요
용모와 가색.	婦言者는
美麗:	부인의 얌전한 말솜씨란
아름답고 곱다.	不必 辯口利詞요
辯口: 구변, 말솜씨	반드시 언변이 좋아 말을 잘하는 것이 아니요
利詞:	婦工者는
말을 잘함.	부인의 좋은 솜씨란
技巧: 손재주, 기술이나 솜씨.	不必 技巧過人也니라。
	반드시 손재주가 뛰어남을 말하는 것이아니다.

(257)	其婦德者는
	그 부인으로서의 아름다운 덕이라 함은
淸 맑을 (청)	淸貞廉節하야
貞 곧을 (정)	맑고 곧고 청렴하고 절제가 있어
廉 청렴할 (렴)	守分整齊하고
節 마디 (절)	분수를 지키고 몸가짐을 바르게 하며
整 정리할 다듬을 (정)	行止有恥하야
	행동하고 정지함에 염치를 알아서
齊 가지런히 할 (제)	動靜有法이니
	움직이고 고요히 함을 법도에 맞게 해야 하는 것이니
恥 부끄러울 (치)	此爲婦德也오
動 움직일 (동)	이것이 바로 婦德이라 하는 것이오
靜 고요 (정)	
法 법 (법)	

容 얼굴 ⓞ용	婦容者는
洗 씻을 ⓢ세	부인으로서의 얌전한 얼굴이라 함은
浣 빨 ⓞ완	洗浣塵垢하야
塵 티끌 ⓙ진	먼지와 때를 닦고 빨아
垢 때 ⓖ구	衣服先潔하며
服 옷 먹을 ⓑ복	의복을 제일 먼저 깨끗이 하며
潔 깨끗 ⓖ결	沐浴及時하야
沐 머리감을 씻을 ⓜ목	목욕을 제때에 정기적으로 해서
穢 더러울 ⓨ예	一身無穢니
	한 몸에 더러운 곳이 없게 하는 것이니
	此爲婦容也요
	이것이 바로 婦容이라는 것이요

擇 가릴 (택)	婦言者는
師 스승 (사)	부인으로서의 얌전한 말(婦言)이라 함은
說 말할 (설)	擇師而說하야
談 말할 (담)	본받을 만한 좋은 말만을 가려서 하되
非 아닐 (비)	不談非禮하고
禮 예도 (례)	예가 아니면 말하지 말고
時 때 (시)	時然後言하야
말을 해야 하게 되엿을 때.	꼭 하게 되엿을 때만 말하여
	人不厭其言이니
厭 싫어할 (염)	남들이 그 말을 싫어하지 않게 할지니
	此爲婦言也요
師: 師表로 學識과 人格이 높아 世上 사람의 模範이 됨. 그런 사람	이것이 바로 婦言이라는 것이요
	- 師: 본받을 만함. 모범이 됨.
	時然後: 말을 꼭 하게 된 뒤.
	說·談·言: 같은 뜻으로 '말하다'
	爲: '되다' 라는 뜻으로 婦言이 되다。

工 재주있을 ㊂공	婦工者는
	부인으로서의 좋은 솜씨(婦工)라 함은
專 오롯 ㊂전	專勤紡績하고
勤 부지런히 할 ㊂근	오로지 길쌈을 부지런히 하고
紡 길쌈 ㊂방	勿好(훈)暈酒하며
績 길쌈 ㊂적	술에 취하기를 좋아하지 말며
暈 햇무리 ㊂훈	供具甘旨하야
취기증날 ㊂훈	맛 있는 음식을 고루 장만하여
ㄱ.등불이나 촛불 둘레에 보이는 그리 밝지않은 둥근 빛.	以奉賓客이니
ㄴ. 술취한 상태의 몽롱한정신	손님을 잘 접대하는 것이니
	此爲婦工也니라。
	이것이 바로 婦工이라는 것이니라。
	供 받들㊂공、具 갖출㊂구、甘 달(味)㊂감
	奉 받들㊂봉、賓 손님㊂빈 客 손(賓)㊂객 (格이 높음) (格이 낮음)
	此 : 위 婦工을 설명한 16字 內容。

(258)	此 四德者는
四德:	이 네가지 덕은
婦德 婦容 婦言 婦工 } 婦節	是婦人之所不可缺
	정말 부녀자로서 하나도 빼놓을 수
	者라
	없는 것이라
缺 이즈러질 (결)	爲之甚易하고
甚 심할 (심)	행하기가 매우 쉽고
易 쉬울 (이)	務之在正하니
務 힘쓸 (무)	힘씀이 바른데에 있는 것이니
依 기댈 (의)	依此而行이면
範 법 (범)	이에 의거하여 행한다면
是 이 옳을 (시)	是爲婦節이니라。
	이것이야말로 부녀자의 範節이
節 알맞을 (절)	되느니라。

㉕⑨ 259	太公이 曰
太公 :	태공이 말하기를
文王、武王의	婦人之禮는
스승 姜太公	부인의 예절은
語 말씀 (어)	語必細니라。
必 반드시 (필)	말할 때는 반드시 가는 소리로 조용하게
細 가늘 (세)	하여야 하느니라。
260	賢婦는 令夫貴하고
賢 어질 (현)	어진 아내는 남편을 귀하게 하고
令 하여금 (령)	佞婦는 令夫賤이니라。
夫 남편 (부)	간악한 아내는 남편을 천하게 하느니라。
佞 아첨할 (녕)	
	- 현명한 아내는 남편을 존중하고
賤 천할 (천)	內助의 功을 세워서 출세하게 만든다. 그러나 간악한 아내는 男便을
	무시하고 업신여겨 천한 존재가 되게 한다.

㉖① 261	家有賢妻면
遭 만날 (조)	집안에 어진(현명한) 아내가 있으면
橫 가로 클 (횡)	夫不遭橫禍니라。
禍 재앙 (화)	남편이 뜻밖의 재앙을 당하지 않느니라。
	橫禍 : 뜻하지 않은 災殃과 患難
262	賢婦는 和六親하고
賢 = 賢明	어진 아내는 六親을 和睦케 하고
婦 = 婦人	佞婦는 破六親이니라。
和 = 和睦	간악한 아내는 六親의 和睦을 깨느니라。
佞 아첨할 (녕)	
破 = 破綻 깨칠 (파)	六親 : 父母, 兄弟, 妻子 여섯의 친한 관계를 이름。
綻 터질 (탄) (옷솔기가 터짐)	

21. 增補篇(더하였음)

㉖③	周易에 曰
增 더할 (증)	주역에 이르기를
補 기울 (보)	善不積이면
(옷을 꿰맴)	선을 쌓지 않으면
周 두루 (주)	不足以成名이요
(이것 저것)	족히 이름을 이룰 수 없고
易 바꿀 (역)	惡不積이면
(변화 함)	악을 쌓지 않으면
積 쌓을 (적)	不足以滅身이어늘
滅 없앨 (멸) 망할	족히 몸을 망치지 않거늘
小 작을 (소)	小人은 以小善으로
无 없을 (무)	소인은 작은 선으로는
(無와 同)	爲无益而不爲也하고
益 더할 (익)	유익함이 없다하여 선을 행하지 않고
惡 악할 (악)	以小惡으로
미워할 (오)	작은 악으로는

爲无傷而弗去也 니라

몸을 다치지 않는다 하여 악을버리지않는다

故로 惡積而不可掩이요

그러므로 악이 쌓여서 가리우지 못하고

罪大而 不可解니라。

죄가 커져서 풀지 못하느니라。

傷 다칠 (상)
弗 아니 (불) (不과 同)
去 갈 버릴 (거)
掩 가릴 숨길 (엄)
罪 죄지을 (죄)
解 풀을 (해)

(264) 履霜 하면 堅氷至 하나니

서리를 밟으면 굳어서 얼음이 되나니

臣弑其君하며 子弑其父ㅡ

신하가 그 임금을죽이며, 자식이 그부모를죽이는것은

非 一朝一夕之事 라

하루아침이나 하루저녁에 일어나는것이아니라

其所由來者 漸矣 니라。

그 말미암아 온것이 점점이 이루어진 것이니라。

履 밟을 (리)
霜 서리 (상)
堅 굳을 (견)
氷 얼음 (빙)
至 이를 (지)
弑 죽일 (시)
漸 점차 (점)

22. 八反歌(桂宮誌)

(265) 1

幼兒 或詈我하면

어린 아이(자식)가 날보고 꾸짖으면

我心에 覺懽喜하고

내(부모) 마음에 기쁨을 깨닫고

父母 嗔怒我하면

부모께서 나를 꾸짖고 노여워 하시면

我心에 反不甘이라

내 마음에 오히려 달갑지 않게 여기느니라.

一喜懽 一不甘하니

한쪽은 기쁘고 한쪽은 달갑지 않으니

待兒待父 心何懸고

아이 대하고 부모님 대하는 마음이 어찌 이다지도 현격 한가

勸君今日逢親怒어든

그대에게 권하노니 이제 부모님이 노여워 하시면

也應將親作兒看하라.

마땅히 어버이도 자식재롱 같이 돌아 보아라.

幼 어릴 (유)
兒 아이 (아)
或 혹시 (혹)
詈 꾸짖을 (리)
懽 기쁠 (환)
嗔 성낼 (진)
甘 달(味) (감)
待 대접 (대)
懸 달릴(매달림) (현)
勸 권할 (권)
怒 성낼 (노)
也 어조사 (야)
將 장차 (장)
看 볼 (간)

桂宮誌: 靑나라 徐珽이 呂洞賓의 말을 빌어 편찬한 道敎사상을

⑵⑹⑹ 2	兒曺는 出千言하되
	어린자식들이 천마디 말로 떠들어 대되
曺 무리 ㊅조	君聽常不厭하고
聽 들을 ㊅청	그대가 듣고는 항상 싫지 않고
常 항상 ㊅장	父母는 一開口하면
厭 싫을 ㊅염	부모님이 한번만 입을 열어도
便 편할 ㊅편 (유리한 방법)	便道多閑管이라
	쓸데없이 참견이 많으시다고 말한다
管 간섭할 ㊅관	非閑管親掛牽이니
掛 걸릴 ㊅괘	그런것이 아니라 아끼는 마음으로 걱정이 돼서이니
牽 끌릴 ㊅견	皓首白頭에 多諳諫이라
皓 흴 ㊅호	머리 희어지도록 사시며 아는게 많아서 니라
諳 알(知) 욀(誦) ㊅암	勸君敬奉老人言하고
諫 참견할 충고할 ㊅간	그대에게 권하노니 노인 말씀 공손히 받들고
乳 젖 ㊅유	莫敎乳口爭長短하라。
爭 다툴 ㊅쟁	어린자식들 서로 다투기를 가르치지 말지니라。

㉖⑦ 3	幼兒尿糞穢는 (요 분 예)
	어린 아이의 오줌 똥의 더러운 것은
尿 오줌 (뇨)	君心에 無厭忌로대
糞 똥 (분)	그대 마음에 싫거나 꺼려함이 없으대
穢 더러울 (예)	老親涕唾零에
忌 꺼릴 (기)	늙으신 부모님의 눈곱·가래침을 뱉으면
涕 눈물 (체)	反有憎嫌意니라
唾 침 (타)	도리어 미워하고 꺼리는 마음이 있느니라
零 떨어질 (령)	六尺軀來何處요
憎 미워할 (증)	여섯자의 그대 몸은 어느곳에서 왔는고
嫌 싫어할 (혐)	父精母血成汝體라
軀 몸 (구)	바로 아버지의 精과 어머니의 血이 그대의 몸이 되었느니라
壯 씩씩할 (장)	勸君敬待老來人하라
爾 너 (이)	그대에게 권하노니 늙어가는이를 공경으로 대접하라
筋 힘줄 (근)	壯時爲爾筋骨敝니라。
敝 해질 (폐)	젊은시절 그대 위해 살과 뼈가 망가졌느니라。

㉖⑧ 4	
晨 새벽 ㉢	看君晨入市하야
買 살 ㉣	그대를 보건대 새벽에 시장에 들어가서
餠 밀떡 ㉤	買餠又買餻하니
餻 떡 ㉥	밀가루떡을 사고 또 찹쌀떡을 사는데
供 바칠 ㉦	少聞供父母하고
啖 먹을 ㉧	부모님 봉양할거란 말은 적게 들리고
飽 배부를 ㉨	多說供兒曹니라
比 견줄 ㉩	아이들 주련다는 말은 많이 하느니라
錢 돈 ㉪	親未啖兒先飽하니
養 봉양할 ㉫	부모님은 맛도 못보았는데 아이들은 먼저 배부르니
頭 머리 ㉬	子心이 不比親心好라
陰 그늘 ㉭	자식마음이 자식위하는 부모마음에 견줄수 없느니라
光陰:歲月	勸君多出買餠錢하야
	그대에게 권하노니 떡 살 돈을 두둑이 내어
	供養白頭光陰少하라。
	흰머리에 살날이 얼마 남지않은이를 공양하여라。

Note on circled readings: 晨(신), 買(매), 餠(병), 餻(고), 供(공), 啖(담), 飽(포), 比(비), 錢(전), 養(양), 頭(두), 陰(음)

⑳269	市間賣藥肆에
5	시내의 여러 약을 파는 가게에는
賣 팔 (매)	惟有肥兒丸하고
藥 약 (약)	오직 아이들 살찌게하는 환약만 있고
肆 가게 (사)	未有壯親者하니
丸 알 탄알 (환)	어버이 튼튼히 한다는 약은 없으니
兩 두 짝 (량)	何故兩般看고
	어찌하여 아이와 어른을 차별하는고
般 일반 나눌 (반)	兒亦病親亦病에
醫 의원 병고칠 (의)	아이의 병이나 어버이의 병이 다 같은데
	醫親不比醫兒症이라
症 증세 (증)	어버이 치료는 아이들 치료에 비할수 없느니라
割 벨 베어낼 (할)	割股라도還是親的肉이니
亟 빠를 (극)	다리 살을 베어내도 도로 이 부모의 고기이니
雙 두 쌍 (쌍)	勸君亟保雙親命하라。
	그대에게 권하노니 빨리 쌍친의 목숨을 보호하라。

(270)	富貴엔 兩親易로되
6	부하고 귀하면 두분부모 모시기가 쉬울것이나
親 어버이 (친)	親常有未安하고
易 쉬울 (이)	부모는 항시 편안치 않아 하시고
常 항상 (상)	貧賤엔 養兒難하나
兒 = 자식 들	가난하고 천하면 아이 기르기가 어려울것이나
受 받을 (수)	兒不受饑寒이라
饑 주릴 (기)	아이들은 춥고 배고픔을 받지 않느니라
寒 찰 (한)	一條心兩條路에
條 가지 (조)	한가지 마음 두 갈래 길에
←	爲親終不如爲兒니라
두번째 親字와 끝의 兒字를 서로 바꾸었음。	부모 위함이 끝내 어린아이 위함만 못하니라
	勸君養親如養兒하야
	그대에게 권하노니 어버이 봉양키를 자식같이하여
推 밀 (추)	凡事莫推家不富하라。
	모든 일을 집이 가난해서라고 미루지 말지니라。

(271) 7	
只 다만 (지)	養親엔 只二人이로되
與 함께 (여)	어버이를 봉양함에는 다만 두분이로되
爭 다툴 (쟁)	常與兄弟爭하고
雖 비록 (수)	항상 형제끼리 미루어 다투고
皆 다 모두 (개)	養兒엔 雖十人이나
獨 홀로 (독)	자식 기르기에는 비록 여나무명이나
煖 따뜻할 (난)	君皆獨自任이라
常 항상 (상)	그대가 모두를 혼자 스스로 책임지느니라
饑 = 飢 굶주릴 (기)	兒飽煖(난) 親(친히)常問하되
須 모름지기 (수)	아이들 배부르고 따뜻한가는 친히 항상 묻되
竭 다할 (갈)	父母饑寒不在心이라
被 입을 (피)	부모의 배고프고 추운것은 마음두지 않느니라
	勸君養親을 須竭力하라
	그대에게 권하노니 부모봉양에 힘을 다하여라
	當初衣食이 被君侵이니라。
	당초에 옷과 밥을 그대에게 빼앗겼느니라。

⑳272 8	
親有十分慈하되	慈 사랑 ㉮자
어버이는 十分(100%) 사랑하였으되	念 생각 (념)
君不念其恩하고	恩 은혜 (은)
그대는 그 은혜를 생각지 않고	十分= 10/10
兒有一分孝하면	一分= 1/10
자식이 一分(10%) 효를 하는데도	就 나아갈 (취)
君就揚其名이니라	揚 드날릴 (양)
그대는 나아가 그 이름을 자랑하느니라	誰 누구 (수)
待親暗待兒明하니	識 알 (식)
어버이를 대접함엔 어둡고 아이대접은 밝으니	漫 질펀할 (만)
誰識高堂養子心고	曺=曹와 同
누가 높은집(부모)의 자식기르는 마음을 알까	在君身= 모범을 보여라
勸君漫信兒曹孝하라	
그대에게 권하노니 자식들의 효도를 믿지 마라	
兒曹孝親在君身이니라。	
아이들의 부모에 대한 효도 그대몸에 있느니라。	

23. 孝行篇(續)

㉗③	孫順이 家貧하야
孝行:父母님께 효도함	손순이 집이 가난하여
	與其妻로
續이을 속	그 아내와 함께
與함께 여	傭作人家 以養母할새
傭품팔이 용	남의 집에 품을 팔아 어머니를 봉양터니
	有兒每奪母食이라
每매양 매	어린 자식이 있어 매일 어머니 반찬을 빼앗는지라
奪빼앗을 탈	順이 謂妻曰
	순이 아내에게 일러 말하기를
食음식 식	兒奪母食하니
謂이를 위	아이가 어머니 잡수실 것을 빼앗으니
得얻을 득	兒는 可得이어니와
難어려울 난	자식은 또 낳을 수 있거니와
求구할 구	母難再求라 하고
	어머니는 두번 구하기 어렵소 하고

乃 이에 (내) 負 짐질 (부) 싸워서 질 (부) 往 갈 (왕) 歸 돌아갈 돌아올 (귀) 醉 술취할 (취) 郊 들 (교) (市内 밖) 埋 묻을 (매) 掘 땅팔 (굴) 忽 홀연 (홀) 奇 기이할 (기) 怪 괴상할 (괴) 舂 방아 (용) (절구통) 撞 칠 (당)	乃負兒 이에 아이를 등에 업고 往歸醉山北郊하야 귀취산 북쪽 교외로 가서 欲埋掘地러니 묻으려고 땅을 파니 忽有其奇石鍾이어늘 뜻밖에 아주 신기한 돌종이 있거늘 驚怪試撞之하니 놀랍고 괴상하여 시험삼아 쳐보니 舂容可愛라 방아 모양으로 종소리도 너무 아름다웠다 妻曰 아내가 말하기를 得此奇物은 이같이 기이한 물건을 얻은 것은

殆 자못 (태) (거의·아마) 위태할 (태)	殆兒之福이라
	모두가 아이의 복이니
埋 묻을 (매)	埋之不可라 한대
將 장차 (장) (곧바로)	그 아이를 묻을 수 없어요 하니
	順이 以爲然하야
還 돌릴 (환)	손순도 그렇게 생각하고
懸 달아맬 (현)	將兒與鍾還家하야
	바로 아이와 함께 돌종을 들고 집에 돌아와
樑 대들보 (량)	懸於樑撞之하니
撞 칠 (당) (막대로 때림)	대들보에 매달아 놓고 종을 치니
	王이 聞
聲 소리 (성)	왕이
異 다를 (이)	鍾聲이 淸遠異常而
覈 조사할 (핵)	종소리가 맑고 멀리 퍼져 이상함을 듣고
實 사실 진실 (실)	覈聞其實하고
	그 사실 자세히 조사하여 듣고서

曰

말하기를

昔에 郭巨埋子엔

옛적에 곽거가 아들을 묻었을적에는

天賜金釜러니

하늘이 금솥을 주시더니

今 孫順이 埋子엔

이제 손순이 아들을 묻으려 하자

地出石鍾하니

땅에서 돌종이 나왔으니

前後符同이라하고

앞과 뒤가 서로 일치하는 도다 말하고

賜家一區하고

집 한채를 주고

歲給米五十石하니라.

해마다 쌀 50석(石)을 내려 주니라.

孫順 : 신라사람으로 慶州孫氏의 始祖다. 順의 돌鍾은 신라 眞興王의 三器의 하나가 되었다.

符 부신 (부) (付信) 甲과 乙이 文書作成時 중간 절취선에 날인한 後 절취하여 各自 보관하였다가 後에 문제가 생기면 이 쪽지를 맞추어 확인한다.

㉗④	尙德이
尙德:	상덕은
신라때의 孝子	値年荒癘疫하야
	흉년과 열병이 유행하는 때를 만나
尙=尚 小/5 오히려 중상할 ㊌	父母飢病瀕死라
	부모님이 굶주리고 병들어 거의 죽게 되자
値만날 ㊍	尙德이
荒거칠 ㊧	상덕이
癘염병 ㊬	日夜不解衣하고
疫전염병 ㊭	밤낮으로 옷도 벗지 않고
飢주릴 ㊂	盡誠安慰하되
瀕물가 ㊮	정성을 다하여 편안히 위로하되
瀕死: 거의 죽게 됨	無以爲養則
	봉양할 것이 없으면
刲저밀 ㊅	刲髀肉食之하고
髀다리 ㊯	자기의 넓적다리 살을 베어 올렸고

癰 종기 (옹)	母發癰에
	어머니께서 종기가 났을때는
吮 빨 할을 (연)	吮之則癒라
癒 병나을 (유)	입으로 빨아서 낫게 해드렸다
嘉 아름다울 (가)	王이 嘉之하야
	왕이 이 소식을 듣고 어여삐 여겨
賜 줄 (사)	賜賚其厚하고
賚 줄 (뢰)	재물을 후하게 내리고
厚 두터울 (후)	命旌其門하야
	그 마을에 정려문(旌閭門)을 세워
旌 기 (정) (旗)	立石紀事하니라。
	그의 효행을 비석에 새겨 본받도록 하였다。
紀 벼리 기록 (기) (永久紀念)	
記 기록 (기) (單純記錄)	

275	都氏-家貧至孝라
都 모두 도음 姓氏 ⓓ도	도씨는 집이 가난하였으나 효성이 지극하여
	賣炭 買肉하야
	숯을 팔아서 고기를 사다가
賣 팔 ⓓ매	無闕 母饌이러라
買 살 ⓓ매	어머님 반찬에 빠뜨리지 않고 드렸다.
炭 숯 ⓓ탄	一日은
闕 빠뜨릴 ⓓ궐	하루는
	於市에 晩而忙歸러니
饌 반찬 ⓓ찬	시장에 갔다가 늦도록 돌아오길 잊었는데
晩 늦을 ⓓ만	鳶忽攫肉이어늘
忙 잊을 ⓓ망	솔개가 갑자기 고기를 채어 가거늘
鳶 솔개 연 ⓓ연	都-悲號至家하니
攫 움킬 ⓓ확	도씨가 슬피 울며 집에 돌아와 보니
號 부를 ⓓ호	鳶旣投肉於庭이러라
	솔개가 이미 고기를 집안뜰에 던졌더라

病 병들 ㉺	一日은 母病에
索 찾을 (색)	하루는 어머니가 병이 나서
柿 감 (시)	索非時之紅柿어늘
彷 배회할 (방)	때아닌 홍시를 찾으시는 지라
徨 배회할 (황)	都-彷徨柿林하야
昏 어둘 (혼)	도씨가 감나무숲을 헤매다가
屢 자주 (루)	不覺日昏이러니
遮 막을 가릴 (차)	날이 저문것도 모르고 있었는데
乘 탈 (승)	有虎屢遮前路하고
餘 남을 (여)	호랑이가 나타나 여러번 앞길을 가로막고
投 던질 (투)	以示乘意라
村 마을 (촌)	등에 올라 타라는 뜻을 보이는지라
宿 잘 (숙)	都 乘至百餘里山村하야
	도씨는 호랑이를타고 백여리 산촌에 이르러
	訪人家 投宿이러니
	人家를 찾아 묵게 되었는데

俄 잠시 아	俄而 主人이
饋 먹일 궤	조금 있다가 주인이
祭 제사 제	饋祭飯而有紅柿라
飯 밥 반	제삿밥을 주었는데 거기에 홍시가 있는지라
紅 붉을 홍	都 喜問柿之來歷하고
柿 감 시	도씨 기뻐하여 홍시 내력을 묻고는
喜 기쁠 희	且述 其意한대
歷 지낼 력	또한 자기가 온 뜻을 자세히 말하거니
述 말할 술	答曰
答 대답 답	주인이 대답하여 말하기를
嗜 즐길 기	亡父 嗜柿故로
擇 가릴 택	돌아가신 아버지께서 감을 좋아하셨기
個 낱 개	每秋擇柿二百個하야
藏 감출 장	매년 가을에 감 200개를 골라서
窟 동굴 굴	藏諸窟中而
	굴 속에 저장해 두었다가

至 이를 ㉑지	至此五月則
完 완전할	이 5월이 되면
㉑완	完者不過七八이라가
過 지날 ㉑과	성한것이 7~8개에 불과하였는데
異 다를 ㉑이	今得五十個完者故로
感 느낄 ㉑감	금년에는 50여개가 온전하여서
(感動 함)	心異之러니
遺 남길 ㉑유	마음속으로 이상하게 여겼더니
顆 덩이 ㉑과	是天感君孝라 하고
謝 사례할	이는 하늘이 그대 효성에 감동함이라 하고
㉑사	遺以二十顆어늘
虎 범 ㉑호	홍시 20개를 싸 주거늘
尚 오히려 ㉑상	都 謝出門外하니
(그때까지)	도씨 감사인사 하고 문밖으로 나오니
俟 기다릴 ㉑사	虎尚俟伏이라
伏 엎드릴 ㉑복	아직도 호랑이가 엎드려 기다리고 있는지라

乘 至家하니

호랑이를 타고 집에 돌아오니

曉鷄喔喔이러라

새벽 닭이 꼬끼오 하고 울었다

後에

그 후

母－以天命으로 終에

어머니께서 천명을 다하고 돌아가심에

都有血淚러라。

도씨는 슬피 울며 피눈물을 흘렸다。

－都氏：朝鮮朝 哲宗때의 孝子

－ 本章의 이야기는 너무도 유명하여 옛 어른들로부터 들어본적이 있을 것이다. 明心寶鑑은 漢字로 공부 않고 이야기로만 전해들어도 학습 효과가 充分하니 많이 전파되었으면 좋겠다。

曉 새벽 (효)

鷄 닭 (계)

喔 닭이울 (악)

終 마침 끝낼 (종) 끝날 (돌아가심)

血 피 (혈)

淚 눈물 (루)

※ 본 文章에 솔개와 호랑이가 등장하는데 어쩌면 꾸며낸 이야기 아닐까? 생각케 된다.

24. 廉義篇(청렴하고 의로움)

(276)	印觀이 賣綿於市할새
廉 청렴할 ㉮렴	인관이 시장에서 솜을 팔고 있는데
印 도장 ㉮인	有署調者
綿 솜 ㉮면	서조라는 사람이 와서
署 마을 ㉮서	以穀買之而還이러니
調 고를 ㉮조	곡식을 주고 솜을 사가지고 돌아갔는데
穀 곡식 ㉮곡	有鳶이 攫其綿하야
鳶 솔개 ㉮연	느닷없이 솔개가 그 솜을 낚아채어
攫 움킬 ㉮확	墮印觀家어늘
墮 떨어질 ㉮타	날아가 인관의 집에다 떨어뜨리니
歸 돌아갈 돌아올 ㉮귀	印觀이 歸于署調曰
于 어조사 ㉮우	이에 인관이 서조를 찾아가 말하기를
汝 너 ㉮여	鳶墮汝綿於吾家라
	솔개가 당신의 솜을 우리집에 떨어뜨렸소
	故로 還汝하노라 한대
	그래서 되돌려 드립니다 고 하니

與 줄 (여)

汝 너 (여)

吾 나 (오)

受 받을 (수)

觀 볼 (관)

還 돌아올 (환)

市 저자 (시)
(시장)

市二日 :
5日場이
두번 지났으니
10日이 지남
(두파수)

屬 붙을 (속)

幷 아우를 (병)
(같이)

棄 버릴 (기)

署調曰 鳶이 攫綿與汝

서조 말하기를 솔개가 당신집에 솜을 떨군 건

는 天也니 吾何爲受리오

하늘이 한것이니 내 어찌 받을수 있읍니까

印觀曰

하니 인관이 다시 말하기를

然則 還汝穀하리라

그러시다면 당신의 곡식을 돌려드리겠습니다

署調曰

한데 서조가 다시 말하기를

吾與汝者- 市二日이니

내가 곡식을 당신에게 준것이 두場이니

穀已屬汝矣라 하고

그 곡식은 이미 당신의 것이오 하고

幷棄於市하니

서로사양타가 솜과곡식을 場에 버리니

掌 손바닥 손바닥 (장)	掌市官이 以聞王하야
	市場을 管理하는 官員이 王께 알리어
並 = 竝 나란히설 아우를 (병)	並賜爵하니라。
爵 벼슬할 (작)	이 두 사람 다 같이 벼슬을 받았다。
(277)	洪耆燮이
洪 넓을 (홍)	홍기섭이
耆 늙은이 (기)	少貧甚無聊러니
燮 불꽃 (섭)	젊었을때 가난하여 심히 무료하였더니
聊 즐길 (료)	一日朝에
婢 여종 (비)	어느날 아침에
踊 뛸 (용)	婢兒踊躍獻七兩錢
躍 뛸 (약)	어린 여종이 좋아라 뛰며서 돈 일곱량을
獻 드릴 (헌)	日
	바치며 말하기를

鼎솥 ㉢정	此在鼎中하니
數두어 ㉢주	이 돈이 솥 안에 있었으니
柴땔감나무 ㉢시	米可數石이오
	쌀을 사면 여러 섬이 될것이오
馱＝正字	柴可數駄니
駄＝俗字	나무(땔감)를 사도 몇마리 되리니
짐실을 ㉢태	
짐 ㉢타	天賜天賜니이다
驚놀랄 ㉢경	이는 하늘이 내려주신 것입니다
卽곧 ㉢즉	公이 驚日是何金고
推밀 ㉢추	공이 놀라면서 말하기를, 이 웬 돈인고?
等무리 ㉢등	卽書
付부칠 ㉢부	그리고 바로
붙을	失金人推去等字하야
楣문미 ㉢미	돈을 잃어버린 사람은 찾아가라는 글을써서
처마	付之門楣而待러니
들보	
문설주	문미에 붙여 놓고 기다렸더니

俄 잠시 ㊀아	俄而 姓 劉者 ㅣ
悉 자세히 ㊀실	얼마 안지나서 성이 류씨라는 사람이
理 이치 ㊀리	來問書意 어늘
失 잃을 ㊀실	찾아와서 글의 뜻을 묻거늘
鼎 솥 ㊀정	公이 悉言之 한대
果 열매 실과 과연 ㊀과	이에 公이 自初至終을 자세히 설명하니
盍 어찌아니할 ㊀합	劉曰
取 취할 ㊀취	류씨가 말하기를
吾 나 ㊀오	理無失金於人之鼎內 하니
俯 구부릴 ㊀부	남의 솥 안에 돈을 잃어버릴 리(理) 없으니
伏 엎드릴 ㊀복	果天賜也라 盍取之 닛고
	과연 하늘이 준것인데 어찌 안가지십니까?
	公이 曰 非吾物이니 何오
	공이 말하기를 내것이 아닌데 어찌 가집니까
	劉 ㅣ 俯伏曰
	그러자 류씨가 엎드려 절하며 말하기를

的 꼭그러할 ㉶	小的이
	소인이
小的 = 小人	昨夜에 爲竊鼎來라가
昨 어제 작	어젯밤에 公의 솥을 훔치러 왔다가
竊 도둑질할 ㉾	還憐家勢蕭條而
	도리어 가세가 너무 쓸쓸한 것을 가련히 여겨
鼎 솥 ㉿	施之러니
憐 사랑할 불쌍할 ㉽	돈을 솥 안에 넣고 갔는데
	今感公之廉介하고
勢 세력 형세 ㉼	오늘 公의 청렴하고 착하심에 감동하고
蕭 쓸쓸할 ㉳	良心自發하여
	양심이 절로 우러나와
條 조목 ㉳	誓不更盜하고
誓 맹세 ㉼	다시는 도적질을 않기로 맹세하고
更 다시 ㉺	願欲常侍하나니
	앞으로도 곁에서 항상 모시길 원하오니

勿 말 (물) 慮 생각 (려) 汝 너 (여) 그대 良 어질 (량) 선할 金 = 돈 判 판단할 (판) 判書 = 朝鮮朝의 벼슬名으로 지금의 長官 舅 외삼촌 (구) 장인 처남 시아버지	勿慮取之하소서 한대 염려치 마시고 돈을 넣어두세요 하거 公이 卽還金曰 公이 즉시 돈을 돌려주며 말하가를 汝之爲良則善矣나 그대가 착한 사람이 된 것은 좋으나 金不可取라 하고 그래도 이 돈은 가질 수 없소 하고 終不受러라 끝개 받지 않으셨다 後에 公이 爲判書하고 후에 洪公은 판서가 되었고 其子在龍이 그의 아들 재룡은 爲憲宗國舅하며 헌종의 장인이 되었으며

劉=劉氏 (솔도둑)	劉亦見信하야
	류씨 또한 신임을 얻어
信:信任 信用	身家大昌하니라。
昌:繁昌	자신과 그의 집안이 크게 번창하였다
	하니라。
278	高句麗平原王之女
句 글귀 ㉮구	고구려 평원왕의 딸(공주)이
麗 고울 (려)	幼時에 好啼러니
原 근원 (원)	어릴 적에 울기를 좋아하니
幼 어릴 (유)	王이 戲曰
戲 희롱 (희)	왕이 놀려대며 말하기를
將 장차 (장)	以女로
歸 시집갈 (귀)	너로 하여금
啼 울 (제)	將歸于愚溫達하리라
	장차 바보 온달에게 시집보내리라

及 미칠 (급) 長 : 長成 (다 자람) 嫁 시집보낼 (가) 下嫁 : 王이 딸을 신하의 집에 시집보냄 上部 : 높은 벼슬 하는 집 食言 : 約束을 지키지 못할 말로 밥먹듯 하는 말 固 굳을 (고) 진실로 辭 사양할 말 (사) 蓋 대개 (개)	及長에 欲下嫁于 공주가 성장하자 왕이 공주를 上部 高氏한대 상부 고씨한테 시집보내려 하니 女－以王으로 공주는, 왕이 不可食言이라 하여 식언을 하여서는 아니되옵니다 하여 固辭하고 굳게 사양하고 終爲溫達之妻하니라 마침내 온달의 아내가 되었다 蓋溫達이 家貧하야 일찍이 온달이 집이 가난하여 行乞養母러니 거리로 다니며 구걸하여 어머니를 봉양하니

乞 빌 ㉮결 (구걸함)	時人이
	그때 사람들이
目爲: 바보란 말을 귀에다 대고 들게하지 않고 눈으로 하였다는 말.	目爲愚溫達也러라
	눈총으로 바보 온달이라 하였더라
	一日은 溫達이
	하루는 온달이
負 등짐질 ㉮부	自山中으로
楡 느릅나무 ㉮유	산으로부터
	負楡皮而來하니
皮 껍질 ㉮피	느릅나무껍질을 짊어지고 내려오니
訪 찾을 ㉮방	王女訪見曰
乃 이에 ㉮내	공주(왕의 딸)가 찾아보고 말하기를
匹 짝 ㉮필	吾乃子之匹也라 하고
首 머리 ㉮수	저는 바로 당신의 배필입니다 하고
飾 꾸밀 ㉮식	乃賣首飾而
	이에 머리의 장식품을 팔아서

買 살 ㊀매	買田宅器物 하야
田 밭 ㊀전	밭과 집과 기물들을 많이 사들여
宅 집 ㊀택	頗富 하고
器 그릇 ㊀기	자못 부자가 되고
物 물건 ㊀물	多養馬以資溫達 하야
頗 자못 ㊀파	말을 많이 길러 온달을 크게 도우니
富 부자 ㊀부	終爲顯榮 하니라。
養 기를 ㊀양	마침내는 온달은 장수가 되어 국가에
資 자본 ㊀자 재물 밑천 도울	공을 세워 이름이 났으며 자손들도 번창하게 되었다고 한다。
顯 나타날 ㊀현	一 平原王 : 高句麗 第25代 王으로 在位는 559~590 이었다.
榮 영화 ㊀영	一 溫達 : 高句麗 平原王 때의 將軍으로 北周 武帝의 군사를 쳐서 功을 세워 大兄이라는 벼슬에 올랐다.

25、勸學篇(배울것을권고함)

㉗⑨ 279	朱子曰
勸 권할 ㉠ 권	주자가 말하기를
朱 붉을 주	勿謂今日不學而
勿 말 물	오늘 배우지 않고서
謂 이를 위	有來日하고
今 이제 금	내일에 하면되지 라고 말하지 말며
來 올 래	勿謂今年不學而
年 해 년	금년에 배우지 않고서
逝 갈 서	有來年하라
矣 어조사 의	내년에 배우면 되지 라고 말하지 말라
歲 해 세	日月逝矣라
延 끌 늘릴 오랠 연	세월은 흘러가는 것이라
嗚 슬플 오	歲不我延이니
呼 부를 호	나를 위해 천천히 가지 않나니
	嗚呼老矣라
	아! 슬프도다 이미 늙었으니

是誰之愆 고

이 누구의 허물(잘못)인고。

280 少年은易老하고

소년은 늙기 쉽고

學難成하니

배움은 이루기 어려우니

一寸光陰이

한치의 광음(짧은시간)도

不可輕이라

가히 가벼이 여길 수 없느니라

未覺池塘에

연못가의 봄풀이

春草夢인데

아직 꿈에서 깨어나지 않았는데

是 이 (시)
誰 누구 (수)
愆 허물 (건)
少 젊을 (소)
易 쉬울 (이)
難 ∘
寸 마디 (촌)
陰 그늘 (음)
輕 가벼울 (경)
池 연못 (지)
塘 연못 (당)
覺 깨달을 (각)
夢 꿈 (몽)

階 층계 (계)	階前 梧葉이
梧 오동나무 (오)	섬돌 앞의 오동나무는
葉 잎새 (엽)	已秋聲이라。
已 이미 (이)	이미 가을소리를 내는구나。
聲 소리 (성)	
(281)	陶淵明詩에 云하되
陶 질그릇 (도)	도연명 시(詩)에 이르기를
淵 연못 (연)	盛年은 不重來요
盛 성할 (성)	젊은 시절은 거듭해서 오지를 않고
重 거듭 (중)	一日은 難再晨이니
再 두번 (재)	하루는 새벽이 두번 있기 어려우니
勉 힘쓸 (면)	及時―當勉勵하라
勵 힘쓸 (려)	때에 이르러서는 마땅히 힘써 공부하라
待 기다릴 (대)	歲月은 不待人이니라。
	세월은 사람위해 기다리지 않느니라。

282

荀子曰

순자가 말하기를

不積蹞步면

한발짝 한걸음을 쌓지 않으면

無以至千里오

천리에 이를 수 없고

不積小流면

작은 하천의 물을 모으지 않으면

無以成江河니라。

큰 강물을 이룰 수 없느니라。

荀 풀이름 ㉾

積 쌓을 ㉿

蹞 반걸음 한발짝 ㊒

蹞步 : 좌측 한발짝만 내디딘 상태로 半步 즉 반걸음.

一步 : 좌우 두발짝 내디딘 상태로 한걸음.

附 錄

名言 · 名句

目次

1. 君子三樂

出典:	孟子曰
孟子	맹자께서 말씀하시기를
盡心篇上	君子有三樂而
樂 즐거울 ㉣락	군자에게 세가지 즐거움이 있으나
王天下:	王天下 -
一國의	天下에 임금노릇 하는 것은
大統領	不與存焉이니라
與 더불어 함께 ㉣여	여기에 들지 않느니라
	父母俱存하시며
俱 함께 ㉣구	부모님이 모두 살아계시며
存: 生存 살아계심	兄弟無故 - 一樂也요
	형제가 무고함이 첫째 즐거움이요
無故: 탈이 없음	仰不愧於天하며
仰 우러를 ㉣앙	우러러 하늘에 부끄럽지 않고
고개를 쳐듦	俯不怍於人이
俯 구부릴 ㉣부 고개를 숙임	구부려 사람에게 부끄럽지 않은 것이

英 빼어날 ㊀영	二樂也요
智過萬人者	두번째 즐거움이요
(지혜가 만인중 제일인자)	得天下英才而
	天下의 英才를 弟子로 삼아
俊 준걸 ㊀준	敎育之－三樂也니
智過千人者	교육하는 것이 세번째 즐거움이니
豪 호걸 뛰어날 ㊀호	君子－有三樂而
智過百人者	군자에게 세가지 즐거움이 있으나
傑 호걸 ㊀걸	王天下－
智過十人者	天下에 임금노릇 하는 것은
英才＝天才	不與存焉이니라。
得＝弟子로 맞이함	여기에 들지 않느니라. 고 하셨다。
焉 어조사 ㊀언	

2. 五十步 百步

梁惠王이 曰

양나라 혜왕이 말하기를

寡人之於國也에

과인은 나라를 다스림에 있어

盡心焉耳矣로니

마음을 다 기울이고 있을 뿐이오니

河內凶則

(例를 들어) 하내지방에 흉년이 들면

移其民於河東하고

그곳 백성들을 하동지방으로 옮기고

移其粟於河內하며

하동의 곡식을 하내지방으로 옮겨주며

河東이 凶커든 亦然하나니

하동이 흉년들면 역시 그와같이 하나니

察鄰國之政컨대

이웃 나라 정치하는 것을 살펴 보건대

出典: 孟子 梁惠王篇 上.

步 걸음 (보)

梁 들보 (량) 나무다리 양나라

寡 적을 (과)

寡人: 임금이 自己를 낮추어 부르는 말.

焉 어조사 (언)

耳 〃 (이)

矣 〃 (의)

粟 조(곡식) (속)

河東 } 地名 河內 }	無如寡人之用心者로대
	나만큼 잘하는 임금이 없는 데도
察 살필 ㉧찰	隣國之民이 不加少하며
隣 이웃 ㉧린	이웃나라 백성이 더 줄어들지 않고
加 더할 ㉧가	寡人之民이 不加多는
少 적을 ㉧소	우리나라 백성이 더 늘어나지 아니함은
多 많을 ㉧다	何也니이까?
何 어찌 ㉧하	무슨 까닭입니까?
孟 맏 ㉧맹 姓氏	孟子 - 對曰
	맹자께서 대답하여 말하기를
對 대답 ㉧대	王이 好戰하실새
戰 싸움 ㉧전	왕께서 전쟁을 좋아 하시니
請 청할 ㉧청	請以戰喩하리이다
喩 비유할 ㉧유	청컨대 전쟁을 예로 말씀드리겠나이다.
塡 북소리 ㉧전	塡然鼓之하야
鼓 북칠 ㉧고	둥둥(진격명령)하고 북이 울려서

兵 군사 ㊞병	兵刃既接이어든
刃 칼날 ㊞인	병사와 칼날이 이미 서로 부딛히면
既 이미 ㊞기	棄甲曳兵而走하되
接 닿을 ㊞접	갑옷을 버리고 무기를 끌고 달아나되
棄 버릴 ㊞기	或百步而後에止하며
甲 갑옷 ㊞갑	어떤 병사는 백보를 도망가다 멈추고
曳 끌 ㊞예	或五十步而後에止하야
走 달아날 ㊞주	어떤 병사는 오십보 도망가다 멈추고서
或 혹시 ㊞혹	以五十步로
止 그칠 ㊞지 (정지함)	오십보 도망간 병사가
笑 웃을 ㊞소 (비난함)	笑百步則
何 어찌 ㊞하	백보 도망간 병사를 비겁하다 웃는다면
如 같을 ㊞여	何如나이까?
	어떻게 생각하십니까?
	曰不可하니
	왕이 말하기를 그것은 옳지 않습니다.

直 곧을 ㊉직	直不百步 이언정
是 이 ㊉시	백보를 도망간 것은 아닐지라도
亦 또 ㊉역	是亦走也 니이다
知 알 ㊉지	(오십보 도망간 것) 이 또한 달아난 것입니다.
此 이 ㊉차	曰 王如知此則
無 없을 ㊉무	맹자 말하기를 왕께서 이같음을 아시오니
望 바랄 ㊉망	無望 民之多於
惠 은혜 ㊉혜	梁나라 百姓이 이웃나라 百姓보다
質 바탕 ㊉질	隣國也 하소서。
問 물을 ㊉문	많아 지기를 바라지 마옵소서。
答 대답 ㊉답	一 梁惠王이, 自己가 이웃나라보다 政治를
辯 말씀 ㊉변	잘하고 있다고 오시대며, 答하기 곤란할
達 통할 ㊉달	거라 생각하고 孟子에게 質問을
册 책 ㊉책	던졌는데, 達辯家인 맹자 꾀에 넘어가
	自己가 질문한 것을 自己가 答한 꼴이
	되였다.
	어른들께서 "맹자가 말을 제일 잘하였으니
	孟子(册)를 읽어라" 하신뜻을 알만하다。

3、鰥寡孤獨

鰥 홀아비 ㉠환 寡 과부 적을 ㉠과 孤 외로울 ㉠고 獨 홀로 ㉠독 老 늙을 ㉠로 妻 아내 ㉠처 夫 지아비 ㉠부 幼 어릴 ㉠유 此 이 ㉠차 窮 궁색할 곤궁할 ㉠궁 民 백성 ㉠민 無 없을 ㉠무 告 알릴 ㉠고	孟子－曰 맹자께서 말하기를 老而無妻曰 鰥이요 늙고 아내가 없는이를 홀아비라 하고 老而無夫曰 寡요 늙고 남편이 없는이를 과부라 하고 老而無子曰 獨이요 늙고 자녀가 없는이를 외로운이라 하고 幼而無父曰 孤니 어리고 부모가 없는이를 고아라 하나니 此 四者는 이 네 부류(部類)의 사람들은 天下之窮民而 세상에서 가장 곤궁하고 無告者라 호소할 곳 없는 사람들이라

文王이

(周)문왕이

發政施仁하사

政令을 펴 仁政을 베푸심에

必先其四者하시니

반드시 이 네 部類를 먼저 돌보셨으니

詩云

시경에도 이르기를

「哿矣富人이어니와

「넉넉한 사람들이야 괜찮지마는

哀此煢獨이라」하니이다

이 외로운 사람들이 불쌍하구나」라고 하였나이다.

齊宣王이 曰

제선왕이 말하기를

「善哉라 言乎여」。

「참으로 훌륭하나이다 선생의 말씀이여」。

文王：周나라 문왕

發 필 (발)

發政：政策을 開發함.

先：優先

詩：詩經 大雅 緜篇의 詩

緜 솜 (면) 綿의 本字.

哿 옳을 (가) (괜찮을)

哀 슬플 (애)

煢 외로울 (경)

宣 펼 (선)

4、自侮人侮

出典： 孟子 離婁篇 侮 업신여길 (모) 菑 재앙 (재) (災와 同) 哉 어조사 (재) 危 위태로울 (위) 利 이로울 (리) 與 더불어 (여) 함께 줄(授) 亡 망할 (망) 敗 攵/7 패할 (패) 무너질	孟子 曰 맹자께서 말씀하시기를 不仁者는 可與言哉아 仁하지 않은 사람과는 더불어 말할수 있겠는가 安其危而 위태로와질 일을 안전한 것으로 여기고 利其菑하며 재앙이 될 것을 이로운 것으로 여겨서 樂其所以亡者하나니 자기가 망하게 될 일을 즐거이 하고 있으니 不仁而可與言이면 仁하지 않은사람과 더불어 말해도 괜찮다면 則何亡國 어찌 나라를 망치고 敗家之有리오 집안을 패하게 하는 일이 있겠는가?

儒 선비 (유)	有儒者 歌曰
약할	한 少年이 있어 노래하기를
歌 노래 (가)	「滄浪之水 - 淸兮어든
滄 물푸를 (창)	창랑의 물이 맑거든
浪 물결 (랑)	可以濯我纓이오
兮 어조사 (혜)	가히 내 갓끈을 씻을 것이요
濯 빨 (탁) (세탁)	滄浪之水 - 濁兮어든
纓 갓끈 (영)	창랑의 물이 흐리거든
濁 흐릴 (탁)	可以濯我足이라」하거늘
足 발 (족)	가히 내 발을 씻으리라, 하거늘
聽 들을 (청)	孔子曰
斯 이 (사)	공자께서 말씀하시기를
淸 맑을 (청)	「小子야 聽之하라
	「제자들아 잘 들어라
	淸斯濯纓이오
	물이 맑으면 갓끈을 빨고

濁 흐릴 ㉻	濁斯濯足矣로소니
斯 이 ㉾	물이 흐리면 발을 씻게 되나니
矣 어조사 ㊥	自取之也라」하시니라。
取 : 선택함	이는 창랑의 물 스스로가 취한것이니라」 고 하시였다.
夫 대저 ㊇ (發語辭)	夫
	대저 (대개)
人 : 사람들 남들	人必自侮然後에
	사람들은 반드시 스스로를 업신여긴후에
毁 헐뜻을 ㉮	人이 侮之하며
	남들도 나를 업신여기며
伐 칠 ㊙ (討伐) (쳐 들어감)	家必自毁而後에
	집안은 반드시 스스로 훼손한 뒤에라야
後 뒤 ㉻ (다음)	人이 毁之하며
	남들이 내 집을 훼방하는 것이며
	國必自伐而後에
	나라는 반드시 스스로를 친 연후에

伐 칠 ㉥벌 (征伐함)	人이 伐之하나니 남들이 征伐하는 것이니
太 클 ㉥태 甲 갑옷 ㉥갑 (첫째 天干) 太甲: 書經 太甲篇	太甲에 曰 태갑이라는 책에 이르기를
	「天作孼은 하늘이 지은 재앙은
	猶可違어니와 그래도 가히 피할 수 있거니와
孼 재앙 ㉥얼 서자 (庶子) 妾의 所生을 '孼子'라 함	自作孼은 자신 스스로 저지른 재앙은
	不可活이라」하니 가히 살아날 길이 없느니라」 하니
猶 오히려 ㉥유	此之謂也니라。 바로 이같음을 말한 것이니라。
謂 이를 ㉥위 이른바 이르되	

5. 浩然之氣

出典： 孟子 公孫丑篇 浩 넓을 ⓗ호 丑 둘째 地支 소 ⓒ축 여기서의 音은 사람이름 ⓒ추 惡 어찌 ⓞ오 미워할 악할 ⓐ악 長：長點 善 잘 ⓢ선 敢 감히 ⓖ감 氣 기운 ⓖ기	公孫丑 曰 공손추가 스승 맹자에게 여쭙기를 敢問 감히 여쭈어 보겠나이다. 夫子는 惡(오)乎長이시나이까? 선생님은 어느 면을 특히 잘하시나이까? 孟子 對曰 맹자께서 대답하여 말씀하시기를 我 知言하며 나는 남의 말을 잘 이해하며 我 善養 吾 그리고 나는 나의 浩然之氣하노라 호연지기를 잘 기르노라 敢問 감히 여쭙나니

何 무엇 (하) 謂 이를 (위) 然 그럴 (연) 難 어려울 (난) 爲 될 (위) 至 지극할 (지) 剛 굳셀 (강) 直 곧을 (직) 養 기를 (양) 塞 막힐 (색) 配 짝지을 (배) 與 함께 (여) 줄 더불어	何謂 浩然之氣나이까? 무엇을 호연지기라 하나이까? 曰 難言也니라 말씀하시되, 말로 설명하기 어려우니라 其爲氣也는 그 기운이라 하는 것은 至大 至剛하니 몹시 크고 아주 굳센것으로 以直養而無害면 그것을 곧게 길러 방해하지 않는다면 則塞于天地之間이니라 곧 하늘과 땅사이에 가득차게 된다 其爲氣也는 다시 말하노니 그 氣라 하는 것은 配 義與道하니 정의와 정도에 맞는 것으로

無是면 餒[뇌]也니라

이 氣가 없으면 허탈해지게 된다.

是는 集義所生者요

이는 안에 있는 氣가 모여 생겨나는 힘으로서

非義襲而取之也니

밖에서 의가 들어와 얻어지는 것이 아니다.

行有不慊於心則

행하여 마음에 만족스럽지 못한 점이

[뇌]餒矣니라。 以下略。

있으면 허탈해지게 마련이니라。 끝。

1、하늘과 땅 사이에 가득 찬
넓고 큰 精氣,

2、公明正大하여 조금도 부끄러울
바 없는 道德的 勇氣,

3、雜多한 일에서 벗어난 自由롭고
느긋하며 넓은 마음 (浩氣),

是 : 이것, 즉
浩然之氣

餒 굶주릴
(뇌)

襲 엄습할 (습)

慊 마음에
맞을 (겸)

公孫丑는
孟子의
首弟子임.

浩然之氣
公明正大한
큰 氣運.

國語辭典
浩然之氣

6. 鳶飛戾天

出典:
中庸
十三節中

鳶 솔개 (연) 연
飛 날 (비)
戾 이를 (려) (도착함)
躍 뛸 (약)
于 어조사 (우)
淵 연못 (연)
察 살필 (찰)
造 지을 (조)
端 근본 바를 (단)
及 미칠 (급) (일정한 곳에 이름)

詩云
詩經에 이르기를
「鳶飛戾天이어늘
「솔개는 하늘에서 飛翔하는데
魚躍于淵이라」하니
물고기는 연못에 뛰어 오르누나」라 하니
言其上下察也니라
이것은 道가 위와 아래로 나타남을 말한것이다
君子之道는
군자의 道는
造端乎夫婦니
匹夫 匹婦로부터 發端되지만
及其至也하야는
그 지극한데 이르러서는
察乎天地니라。
天地에 나타난다。

7. 反求諸己

出典: 孟子 離婁上篇	孟子 曰
反 돌이킬 (반) 거스를	맹자께서 말씀하시기를
諸 어조사 (저) 모두 (제)	愛人不親이어든
離 떠날 (리)	남을 사랑하려는데 친근해지지 않거든
婁 끌 (루) (曳也) 끌예	反其仁하고
反求諸己 (반구저기)	자신의 仁함에 문제가 없는지 돌이켜 보고
對人관계에서 문제가 생길 경우, 반성하여 答을 自身에게서 찾는 것.	治人不治어든
	남을 다스리는데 다스려지지 않거든
	反其智하고
	자신의 지혜에 문제가 없는지 돌이켜 보고
	禮人不答이어든
	남을 예로써 대하는데도 응답이 없거든
	反其敬하야
	자신의 공경함에 문제가 없는지 돌이켜
	보아서

者：것 (잘안되는 것) 諸： 여기서는 어조사 ㉠저 歸： 돌아올㉠귀 詩： 大雅 文王篇 君子는 求諸己하고 小人은 求諸人이라. 군자는 '내탓이요' 소인은 '네탓이요' 라고 말한다。	行有不得者어든 행하여 얻지 못하는 것이 있거든 皆反求諸己니 모두 反省하여 그 原因을 自身에게서 찾아야 하는 法이니 其身正이면 자기 한 몸이 올바르기만 하면 以天下歸之니라 온 천하가 다 쏠려오는 것이다 詩云「永言配命이 시경에 이르기를「길이 天命을 지키는 것이 自求多福이라」하니라。 스스로 많은 福을 求하는 길이다」 라고 하였다。

8. 愼獨

出典: 中庸 첫句 天人論	
愼 삼가할 ㊇신	天命之謂性이요
獨 홀로 ㊇독	하늘이 命賦한 것이 「性」이요
性 성품 ㊇성	率性之謂道요
率 거느릴 ㊇솔	性에 따르는 것이 「道」요
修 닦을 ㊇수	修道之謂敎니라
敎 가르칠 ㊇교	道를 마름하는 것이 「敎」니라
須 잠간 ㊇수	道也者는
臾 잠간 ㊇유	道라는 것은
離 떠날 ㊇리	不可須臾離也니
是 이 ㊇시	잠시도(몸에서) 떠날 수 없는 것이니
故 연고 ㊇고	可離면 非道也라
	떠날수 있다면 道가 아니다
	是故로 君子는
	그러므로 군자는

戒 경계할 (계)	戒愼乎其所不睹하며
愼 삼가할 (신)	그 보이지 않는 것을 경계하고 삼가며
睹 볼 (도)	恐懼乎其所不聞이니라
(覩와 同字)	그 들리지 않는 것을 두려워 하느니라.
恐 두려울 (공)	
懼 두려울 (구)	莫顯乎隱이며
莫 말 (막)	隱暗한 것보다 더 잘 드러나는 것이 없고
顯 나타날 (현)	莫顯乎微니
隱 숨을 (은)	微細한 것보다 더 잘 나타나는 것이 없나니
乎 어조사 (호)	故로 君子는
微 작을 (미) 희미할 숨길	그런 때문에 군자는
奧 깊을 (오)	愼其獨也니라。
	그 홀로일 때를 더 삼가느니라。
	(內奧)

9. 緣木求魚

出典:
孟子
梁惠王篇

緣 인연 연분 (연)
梁 양나라 (양)
惠 은혜 (혜)
欲 하고자할 (욕)
與 어조사 (여)
笑 웃을 (소)
將 장차 (장)

齊宣王이 曰
제선 왕이 말하기를

將以求吾所大欲也니이다
장차 내가 크게 원하는 바를 이루려는 것입니다

孟子曰
맹자께서 말씀하기를

王之所大欲을
왕께서 크게 원하시는 것을

可得聞與이까?
상세히 들려주실 수 있겠습니까?

王이 笑而不言한대
왕이 웃기만 할뿐 말하지 않자

曰 然則
맹자께서 말씀하기를, 그러시다면

王之所大欲을
왕께서 크게 원하고 계시는 것을

辟 임금 (벽)
천둥
편벽될
죽은남편

辟土地: 국토를 넓힘

朝 조회받을 (조)

秦 나라 (진)

楚 초나라 (초)

朝秦楚: 진·초를 굴복시켜 조공을 바치게 함

莅 임할 (리)

莅中國: 중국에 군림함

可知已니

알 수 있겠나이다.

欲辟土地하며

영토를 크게 확장하여

朝秦楚하야

진나라와 초나라 같은 대국들을 굴복시키고

莅中國而

중국에 군림(君臨)하여

撫四夷也로소이다

사방의 未開民들을 어루만져 주려는 것이로소이다.

一四夷: 東夷、西戎、南蠻、北狄

撫四夷: 四方의 오랑캐를 무마함.

以若所爲로

그러나 그와 같은 전쟁의 方法으로

求若所欲이면

그와 같은 큰 욕망을 달성하려하시는 것은

猶 같을 ㊒	猶緣木而求魚也나이다
緣 인연 ㊒	마치 나무에 올라가 물고기를 잡으려는 것과 같사옵니다.
求 구할 ㊒	
魚 고기 ㊒	王曰
若 같을 ㊒	왕이 말하기를
若是 : 이같이	若是其甚與이까?
	그것이 그렇게 터무니 없는 일입니까?
甚 심할 ㊒	曰
殆 위태로울, 자못, 더욱 ㊒	맹자께서 답하시기를
	殆有甚焉하니
焉 어조사 ㊒	아마 그보다도 더 터무니 없을것입니다
雖 비록 ㊒	緣木求魚는
得 얻을 ㊒	나무에 올라가 물고기를 잡으려는 것은
	雖不得魚나
	비록 물고기는 잡지 못할지라도

無後災어니와

후환은 없을 것이나

以若所爲로

그러나 그런 방법으로

求若所欲이면

그런 욕망을 달성하시려는 것은

盡心力而爲之라도

아무리 마음과 힘을 다기울여 할지라도

後必有災하리이다。

뒤에 반드시 재앙이 있을 것입니다。

— 齊宣王이 그처럼 戰爭을 좋아한 것은 자기 나름대로의 큰 꿈을 실현하기 위해서 였으니 그 꿈이란 바로 天下를 統一하려는 것이였다.

이를 안 맹자 「군사를 일으켜 상대국 특히 대국을 정복하려는 것은 비유컨대 「나무에 올라가 고기를 구함」과 같으니, 方法을 바꿔 仁政을 펴시오。

災 재앙 재

盡 다할 진

以若所爲: 그와 같은 방법(전쟁으로 다른 나라를 굴복시킴)、

求若所欲 그와 같은 소원을 이루려 함(속국을 만들어 朝貢을 받으려는 마음)

緣木求魚 고기를 잡으려 山으로 가는건 어리석은 짓이라는 原語

10、衆寡不敵

出典: 孟子 梁惠王上篇

齊宣王이 曰

제선왕이 말하기를

可得聞與이까

왜 緣木求魚인지 말씀해 주시겠습니까

孟子 對曰

맹자께서 대답하여 말씀하시되

鄒人이 與楚人戰則

추나라가 초나라와 싸운다면

王은 以爲孰勝이니까

왕께서는 어느쪽이 이길것 같습니까

曰

왕이 말하기를

楚人勝하리이다

그야 당연히 초나라가 이기지요

曰 然則

맹자께서 말씀하기를, 그렇다면

寡 적을 (과)
敵 대적할 (적)
齊 제나라 (제)
宣 베풀 (선)
鄒 추나라 (小國) (추)
楚 초나라 (大國) (초)
孰 누구 (숙)
勝 이길 (승)

固 진실로 ㊉고	小固不可以敵大며
굳을	작은 나라는 본디 큰나라와 대적할수 없고
衆 무리 ㊉중	寡固不可以敵衆이며
	적은 병력으로는 많은 병력과 대적할수없고
弱 약할 ㊉약	弱固不可以敵强
强 강할 ㊉강	약한 나라는 본디 강한 나라와 대적할 수 없는 것입니다. 이니이다。
執 잡을 ㊉집	海內之地
服 옷 ㊉복	바다 안의 땅에서
먹을	
입을	方千里者 九에
이길	
복종시킬 ㊉복	사방 천리인 나라 아홉에서
異 다를 ㊉이	齊 執有其一하니
	제나라가 그중 하나를 가지고 있으니
於 어조사 ㊉어	以一服八이 何以
哉 어조사 ㊉재	그 하나로 여덟나라를 복종시키는것이
	異於鄒敵楚哉 이니까。
	어찌 추나라가 초나라와 대적하는 것과

다르다고 할 수 있겠나이까?

11. 以德服人

服 복종케할 복종할 ㊀복 옷 먹을	孟子曰
	맹자께서 말씀하시기를
假 거짓 ㊀가	以力假仁者는 霸니
霸 으뜸 ㊀패	힘을가지고 仁政을假裝하는것은 霸道이니
假仁者: 거짓 仁政을 베푸는 자.	霸 必有大國이오
	霸道에는 반드시 큰나라를 가져야 한다
行仁者: 仁政을 施行하는 자.	以德行仁者는 王이니
	그러나 德으로서 仁政을베푸는것은 王道이니
不待: 부대 (기다리지 않음)	王不待大라
	王道를 行함에는 그나라가 크지 않아도 된다
湯 탕왕이름 끓을, ㊀탕	湯은 以七十里하고
	湯王은 七十里로 王者가 되었고
七十里: (작은 國土)	文王은 以百里하니라。
	文王은 百里로 王者가 되었느니라。
	以力服人者는 非心服也라
	힘으로사람을복종시킴은 마음으로부터가 아니라

贍 넉넉할 (섬) 霸天下 : 武力으로 모든 諸侯들을 統率함. 力不贍 : 힘이 모자람. 悅 기쁠 (열) 誠 정성 (정) 七十子 : 孔子의 제자. 孔門 七十二賢을 가리킴. 詩 : 大雅篇 思 : 어조사 (사)	力不贍也요 힘이 모자라서 복종하는 것이요 以德服人者는 그러나 덕으로 사람을 복종시키는 것은 中心悅而誠服也니 마음속으로부터 기뻐서 진정으로 복종하는 것이니 如七十子之服孔子也라 마치 七十명의 제자들이 공자에게 복종하는 것과 같은 것이다. 詩云 시경에 이르기를 「自西自東하며 自南自北이 「서쪽에서 동쪽에서, 또 남쪽에서 북쪽에서 無思不服이라」하니 마음으로부터 복종하지 않는 이가 없었다」고 하였으니 此之謂也니라. 바로 이런 것을 두고 한 말인 것이다.

12、有恒産有恒心

| 出典：孟子 滕文公篇
恒 항상 ⓗ항
産 낼 ⓒ산
滕 나라 ⓓ등
事：농사일
緩 느릴 ⓦ완
詩：詩經 豳風七月篇
豳 나라이름 ⓑ빈
于茅 띠풀을 벰
索 새끼꼴 ⓢ삭
綯 새끼꼴 ⓓ도
亟 빠를 ⓖ극
播 뿌릴 ⓟ파 | 滕文公이 問爲國한대
등나라 문공이 나라다스리는 것에 대하여 물으니
孟子曰
맹자께서 말씀하시기를
民事는 不可緩也니
백성들의 농사일은 늦춰서는 안됩니다.
詩云
시경에도 이르기를
「晝爾于茅요
「낮에는 너 가서 띠풀을 베고
宵爾索綯하야
밤에는 너 새끼를 꼬아
亟其乘屋이오사
빨리 지붕을 이어야
其始播百穀이라」하니
비로소 백곡의 씨앗을 뿌리리라」하였으니 |

乘屋 : 초가지붕을 헤이름、	民之爲道也 -
	백성들이 살아가는 길이란
恒産 : 生活근거가 되는 직업、	有恒産者는 有恒心이오
	항상 할일이 있는자는 마음도 항상 든든하고
恒心 : 늘 지니고 있는 올바른 마음	無恒産者는 無恒心이니
	항상할일이 없는자는 마음이 항상 허하나니
苟 진실로 구차할 ㉮	苟無恒心이면
	진실로 항상 든든한 마음이 없고보면
放 놓을 ㉰	放辟邪侈를 無不爲已니
	방탕、편벽、사악、사치등 하지않는것이 없을것이니
辟 편벽될 ㉱	及陷乎罪然後에
邪 간사할 ㉲	이리하여 죄에 빠진 연후에야
侈 사치 ㉳	從而刑之면
陷 빠질 ㉴	좇아가 이를 형벌 한다면
罔 = 網 그물 ㉵ 없을	是는 罔民也니
	이것은 곧 백성들을 그물질하는 것이니

焉有仁人이 在位하야

어찌 어진사람이 임금자리에 있으면서

罔民을 而可爲也리오

백성을 그물질하는 것을 할 수 있으리오

故로 賢君은

그러므로 어진 임금은

必恭儉하야 禮下하며

반드시 공손·검약하여 下民을 禮로 대하고

取於民이 有制니이다

백성들로부터 거두되 制度가 있는것입니다

陽虎曰

양호는 말하기를

「爲富면 不仁矣오

「富를 하면 仁할 수 없고

爲仁이면 不富矣라」하니이다.

仁을 하면 富할수없다」고 하였나이다.

焉 어찌 ㉢ (언)

在位: 임금이 되어

罔民: 그물을 쳐고 百姓을 몰아 넣음.

賢君: 어진 임금.

恭 공손 (공)

儉 검소할 (검)

取於民: 百姓들로부터 稅金을 거둠

陽虎: 魯나라 季氏의 家臣

13. 自暴自棄

暴 해칠 (포) 棄 버릴 (기) 有言 : 말을 같이 함 有爲 : 행동을 함께 함. 禮 : 禮를 지킴 義 : 義를 行함. 自暴自棄 :	孟子曰 自暴者는 맹자 말씀하기를 스스로 자기를 해치는자와는 不可與有言也오 가히 더불어 말할 것이 못되고 自棄者는 스스로 자신을 버리는 사람과는 不可與有爲也니 가히 더불어 행동할 것이 못되거니와 言非禮義를 예와 의를 행할 수 없다고 말하는 것을 謂之自暴也오 이르되「자기를 해치는 것」이라 하고
어떤 일을 앞에 두고 미리 自信이 없다며 그만두는 일.	吾身不能居仁由義를 나는 仁에 살고 義에 머무름을 못한다고 謂之自棄也니라. 하는것을「자신을 버리는 것」이라 하느니라.

14. 良知良能

出典: 孟子 盡心篇上	孟子曰 人之所不學
	맹자 왈, 사람이 배우지 아니하고서도
良知: 타고난 지혜	而能者는 其良能也요
	할수 있는 것은 타고난 능력때문이요
良能: 타고난 능력	所不慮而知者는
	생각하지 않고서도 알 수 있는 것은
慮 생각 (려)	其 良知也니라
	그 타고난 지혜 때문이다.
孩 아이 (해)	孩提之童이
	어린 아이도
提 끌 (제)	無不知愛其親也며
	자기부모를 사랑할줄 모르는 이가 없으며
孩提之童: 어른이 손을 잡아 줘야 걸어다닐수 있는 어린아이	及其長也하야는
	성장함에 이르러서는
	無不知敬其兄也니라。
	자기형을 공경할줄 모르는 이가 없는 것이다。

15. 樂山樂水

出典: 論語 雍也章 雍 화락할 옹 樂 좋아할 요 靜 고요 정 樂 즐길 락 즐거울 壽 목숨 수 오래살 知 알 지 知者: 많이 아는 者 지혜로운 者	子 - 曰 공자께서 말씀하셨다 知者 요樂水 하고 지혜로운자는 물을 좋아하고 仁者 요樂山 이니 어진자는 산을 좋아 하나니 知者 動 하고 지혜로운자는 움직일줄을 알고 仁者 靜 하며 어진자는 고요함을 좋아하며 知者 락樂 하고 지혜로운자는 즐기면서 살고 仁者 壽 니라。 어진자는 오래 사느니라。 一 知者는 仁하고 仁者는 知하니 사람따라 區分되는 것은아닐것이다。

16. 吾平生以忠孝自期

出典: 三國史記 金庾信傳 (高麗史官 金富軾 著)	建福 四十六年 건복(年號) 46년(西紀 629)
遣 보낼 (견)	己丑 秋八月에 기축 가을 8月에
飡 = 餐 저녁밥 (손) 여기서는 音이 (찬) 임	王遣 伊飡 任永里와 왕이 이찬(벼슬名) 임영리와
王: 新羅 眞平王	波珍飡 龍春·白龍· 파진찬(벼슬名) 용춘, 백룡
娘臂城	蘇判大因 舒玄等으로 소판대인(벼슬名) 서현등을 파견,
충북청원군 북이면 부연리에 속칭 낭비성이 있다고 하나 여러 說이 있다.	率兵케 하야 군사를 거느리게 하야
	攻高句麗 娘臂城한대 고구려 낭비성을 공격한대
	麗人出兵 逆擊之하니 고구려인들이 출병하여 역으로 쳐오니

衄 코피 (뉵) 庾 곳집 (유) 幢 기 (당) (旗) 冑 투구 (주) 娘 계집 (랑) 臂 팔뚝 (비) 北 질 (배) 期 기약할 다짐할 (기) 맹세할 娘臂城 전투 年度 眞平王 即位 51년、고구려 榮留王 12년 庾信公 35세 金春秋 27세 法民 4세	吾人失利하야 死者多衆하고 신라인이 이로움을 빼앗겨 죽는자가 많고 衆心折衄하니 不復鬪心이라 사기가 꺾여 다시 싸울 생각이 없어진지라 庾信時爲中幢幢主로 유신은 이때 부장군으로 출전중이였는데 進於父前하야 아버지(대장군 舒玄) 앞에 나아가 脫冑而告曰 투구를 벗어들고 무릎꿇어 말씀드리기를 我兵敗北오이다 우리 군사가 패하게 되였습니다 吾平生以忠孝自期로니 제가 평생토록 충효를 다하리라 다짐하였는데 臨戰不可不勇이오이다 싸움에 임해서 용감하지 않을 수 없사옵니다.

盖 : 대개 (개) 덮을	「盖聞 호니
蓋의 俗字	대개 듣자오니
振 떨칠 (진)	振領而裘正 하고
領 옷깃 (령)	옷깃을 잡아야 옷자락이 바르게 펴지고
裘 가죽옷 겨울옷 (구)	提綱而網張 이라 하니
提 끌 (제)	벼릿줄을 잘 잡아야 그물이 펴진다 하였으니
張 펼 (장)	吾其爲綱領乎 리라」하고
迺 = 乃 이에 (내)	제가 그 옷깃과 벼리를 잘 잡겠나이다 하고
跨 걸터앉을 (과) (騎와 同)	迺跨馬拔劒跳坑 하고
拔 뽑을 (발)	이에 말을 타고 칼을 휘두르며 참호를 뛰어
跳 뛸 (도)	出入敵陣 하야
坑 구덩이 (갱)	넘고 적의 진영을 들고 나면서
斬 벨 (참) (목을 자름)	斬敵將 하야
	적장의 머리를 베어
	提其首而來 하니
	그 머리를 들고 돌아오니

乘 탈 ⓢ승 (車)	我軍見之하고
勝 이길 ⓢ승	신라군은 이를 보고
奮 분발할 ⓢ분	乘勝奮鬪하야
鬪 싸울 ⓢ투	승리의 기세를 타서 분투하여
殺 죽일 ⓢ살	斬殺五千餘級이오
級 등급 ⓢ급	참살한 수가 오천여급이오
모가지 ⓢ급	生擒一千人하니
首級 :	일천여명을 생포하니
잘린 모가지	城中兇懼하야
擒 사로잡을 ⓢ금	온 성중은 두려워 하여
兇 : 凶	無敢抗(항)하고
흉할 ⓢ흉	감히 대항치 못하고
抗 겨룰 ⓢ항	皆出降(항)하니라。
降 항복할 ⓢ항	모두 나와서 항복하였다。

17、四端

出典: 孟子 公孫丑篇	孟子曰
惻슬플 ㉧측	맹자께서 말씀하시기를
隱숨을 ㉧은	惻隱之心은 仁之端也오
端끝 ㉧단	측은히 여기는 마음은 仁의 실마리이고
羞부끄러울 ㉧수	羞惡之心은 義之端也오
惡미워할 ㉧오	부끄러워하는 마음은 義의 실마리이며
辭사양할 ㉧사	辭讓之心은 禮之端也오
讓사양 ㉧양	사양하는 마음은 禮의 실마리이고
智지혜 ㉧지	是非之心은 智之端也니라
猶같을 ㉧유	옳고 그름을 가릴줄 아는 마음은
體몸 ㉧체	智慧의 실마리인 것이다。
	人之有是四端也는
	사람들이 이 四端의 마음을 지니고 있는 것은
	猶其有四體也니
	마치 四肢가 있는 것과 같으니

孟子의 유명한 四端論으로, 사람은 누구나 차마 못하는 어진 마음, 즉 良心을 타고 났으나, 이 四端은 곧 仁·義·禮·智의 네 德目이요 孟子 所謂 「性善說」의 根據이다。	有是四端而 사람으로서 이 四端을 지니고 있으면서 自謂不能者는 自己는 善을 능히 행치못한다 말하는 자는 自賊者也오 자기 스스로를 해치는 사람이요, 謂其君不能者는 자기네 임금은 善을 行치못할것이라고 賊其君者也니라 말하는 사람은, 자기네 임금을 해치는 사람이니라。 凡有四端於我者를 사람은 누구나가 지니고 있는 이 四端을 知皆擴而充之矣면 모두가 확충시켜 나갈줄 안다면

若 갈을 ㉮약	若火之始然하며
然 사를 ㉮연	마치 불이 처음 타기 시작하고
始然 :	泉之始達이니
타오르기 시작함	샘물이 처음 솟아오르는 것과 같나니
燃은 俗字	苟能充之면
達 통할 ㉮달	진실로 이를 확충시켜 나간다면
始達 :	足以保四海요
처음 솟아오름	온 천하를 보존하기에도 넉넉하지만
四海 :	苟不充之면
온 天下	이를 확충시켜 나가지 않는다면
事 섬길 ㉮사	不足以事父母니라。
事父母 :	자기 부모를 섬기기에도 부족할 것이다。
부모님을	- 四端 사람의 本性인 仁·義·禮·智에서 우러나는
모심。	惻隱·羞惡·辭讓·是非의 네가지 마음。
	- 七情 사람의 일곱가지 感情
	喜·怒·哀·樂·愛·惡·欲

18. 上善若水

出典 : 老子道德經 第8章 上 : 上之上 제일 높음 善 착할 잘할 ㊀선 上善 : 善中에서도 제일 훌륭한 至高至善 爭 다툴 ㊀쟁 不爭 : 功을 자랑하지 않음 幾 거의 가까울 ㊀기	老子曰 노자께서 말씀하시기를 上善은 若水하니 최상의 善이란 물과 같아야 하는 것이니 水는 善利萬物하나 물은 능히 만물을 이롭게 하여주지만 而不爭하며 다투어 뽐내지 않으며 處衆人之所惡라 여러사람이 혐오하는 낮은곳에 있으니 故로 그러므로 물은 幾於道니라。 도(道)에 가까운 것이다。

19. 不惑

出典: 論語 爲政四 十有五의	子曰「吾 十有五而
有: 또(又)	공자께서 말씀하시기를, 나는 열다섯에
立: 기초가 確立됨.	志于學하고
不惑: 의심이 사라짐.	배우겠다는 결심을 하였고
耳順: 귀에 거스르지 않고 순하게 들림. 남의 意見을 理解할줄 알게 됨.	三十而 立하고
不踰矩: 자유자재로 行하여도 法테두리 안에 安住함。	설흔에 나아갈바를 확립하였고
	四十而 不惑하고
	마흔에 眩惑되지 않았고
	五十而 知天命하고
	쉰에 주어진 使命이 무언지 알았고
	六十而 耳順하고
	예순에 듣는 것이 順調로왔고
	七十而 從心所欲하야
	일흔에 하고싶은 대로 좇아 행하여도
	不踰(유)矩(구) 호라。」
	법도를 넘지 아니하였느니라

20. 益者三友 損者三友

出典: 論語 季氏 四節 益 더할 ㉮익 損 덜릴 (손) 友 : 動詞 벗삼을 (우) (친구 삼음) 直 곧을 (직) 正直 諒 살펴알 (량) 理解心 多聞 : 들어 아는게 많음. 便 : 利己心 辟 : 까다로움 佞 아첨할 (녕) 阿附함. (諂)	孔子曰 공자께서 말씀하시기를 益者 三友요 도움되는 벗을 사귐이 세 部類요 損者 三友니 손해되는 벗 사귐이 세 部類니 友直하며 友諒하며 정직한이와 벗삼으며, 이해심 많은이와 벗하며 友多聞이면 益矣요 많이 아는이와 사귀면 유익할 것이요 友便辟하며 편벽한이와 벗으로 사귀며 友善柔하며 선량한체 유순한체 하는이와 벗으로 사귀며 友便佞이면 損矣니라。 편벽하고 아첨하는이와 사귀면 손해이니라。

21. 切·磋·琢·磨

出典:
大學
止至善篇
詩: 衛風
淇澳篇

瞻 볼 ㉠첨
淇 물이름 ㉠기
澳 길을 ㉠오
菉 = 綠
　푸를 ㉠록
猗 아! ㉠의
(탄미하는 소리)
猗猗: 아름답게 무성한 모양
斐 문채날 ㉠비
磋 연마할 ㉠차
(학문을 닦음)

詩云
시경에 이르기를

「瞻彼淇澳한대
저 淇水 굽이진 곳 바라다 보니

菉竹猗猗로다
푸른 대숲 번지르르 우거졌어라

有斐君子여
문채나는 군자님이야

如切如磋하며
자르는 듯 쓸는 듯이 하시며

如琢如磨라
쪼으는 듯 가는 듯이 하시네

瑟兮僩兮여
찬찬하고 꿋꿋하심이여

赫兮喧兮니
훤언하고 뚜렷하심이여

琢 쪼을 (탁)	有斐君子여
磨 갈 (마)	문채나는 군자님을
瑟 비파 (슬)	終不可諠兮라」하니
(엄밀한 모양)	내내 잊지를 못하겠구나」라 하니
僩 굳셀 (한)	如切如磋者는
(강하고 굳셈)	자르는 듯 쓿는 듯이 하심이란
諠 잊을 (훤)	道學也요
如琢 :	배움을 말함이요
망치와 끌로 쪼아 냄	如琢如磨者는
如磨 : 모래와	쪼으는 듯 가는 듯이 하심이란
돌로 갈아 냄.	自修也요
恂 두려워할	스스로 닦음이요
(준)	瑟兮僩兮者는
慄 두려워할	찬찬하고 굿굿하심이란
(률)	恂慄也요
	内心의 謹嚴이요

赫 빛날 ㉻	赫兮喧兮者는
喧 떠들썩할 (훤)	혁연하고 뚜렷하심이란
威 위엄 ㉴	威儀也요
儀 거동 ㉴	威嚴 있는 거동이요
諠 잊을 (훤)	有斐君者
不可諠：잊지를 못함	문채나는 군자님을
道：言으로 이름·말함	終不可諠兮者는
終：끝ㆍ내	내내 잊지를 못하겠구나 라고 함은
兮 어조사 (혜)	道盛德 至善이
盛德：훌륭한 덕	(衛나라 武公)의 盛德과 至善을
至善：지극히 착함	民之不能忘也니라。
	百姓들이 잊을수가 없음을 말한것이다。
	- 詩經의 이 淇澳篇은 衛나라 武公이 나이 九十이 넘어서도 學德을 닦기에 게으르지 아니하므로 衛人들이 그 德을 칭송하여 읊은 有名한 詩이다。

22、仁者 不憂

出典: 論語 憲問 三十	子曰
	공자께서 말씀하시기를
	「君子道者 三에
	「군자의 道에 세가지가 있는데
君子는 必히 仁과 知와 勇을 兼備해야 그 資格이 있는것이니	我無能焉 호니
	나는 하나도 능통한 것이 없다
	仁者 不憂하고
	대저 仁者는 근심치 아니하고
仁은 私慾이 없고	知者 不惑하고
	知者는 의혹치 아니하고
知는 배워서 事理에 通하였고	勇者 不懼니라」하시니
	勇者는 두려워하지 않는다」하시니
勇은 正義롭고 強靭하다	子貢이 曰
	제자 자공이 듣고 말하기를
	「夫子 自道也샷다」
	이는 선생님이 스스로 겸사해서 하신

말씀이다」 고 하였다。

23. 富貴貧賤

出典:	子曰
論語 里仁	공자께서 말씀하시기를
富貴貧賤에	富與貴는
대한 孔子의	부와 귀는
人生觀과	是人之所欲也나
孔子自身이	사람마다 원하는 바이나
쉴사이 없이	不以其道得之어든
自己完成을	부정으로 얻은 부귀를
위하여 努力	不處也하며
하는 모습을	탐하지 아니하며
나타낸글이다.	貧與賤은
	가난과 천함은
孔子는	是人之所惡(오)也나
人格과 才能	사람마다 싫어하는 바이나
으로 얻은	以其道得之어든
富貴를	도의적인 빈천이면

不去也니라

부끄러워 말것이니라

君子去仁이면

군자가 人間美를 잃는다면

惡乎成名이리오

어찌 君子란 명예를 지키리오

君子無終食之라도

군자는 식사中에라도

間違仁이니

仁을 어김이 없어야 하나니

造次必於是하며

混亂한 잠시라도 仁을 잊지말며

顚沛必於是니라。

患難中이라도 仁을 생각할지니라。

一 必於是: 반드시 이같이 (군자는 食事中에라도 仁을 어김이 없어야함)

是認하며. 人格과 才能이 있는데도 貧賤하다면 이는 淸貧이므로 부끄러 말고 滿足할 것이라 하였다.

去仁: 仁을 버림

終食: 한 술갈의 밥을 먹는 잠깐사이

造次: 잠시

顚沛: 患難

◈ 편저 峕嵐 김 홍 태 ◈

- 충남 청양군 운곡면에서 1940년 출생
- 록문서당에서 사서 修學(수학)
- 충남도청 근무
- 대통령 비서실 근무
- 서울 도봉문화원 한문강사

한자 학습과 명심보감을 정복

필사본 명심보감 定價 18,000원

2017年 5月 10日 인쇄
2017年 5月 15日 발행
편 저 : 김 홍 태
발행인 : 김 현 호
발행처 : 법문 북스
공급처 : 법률미디어

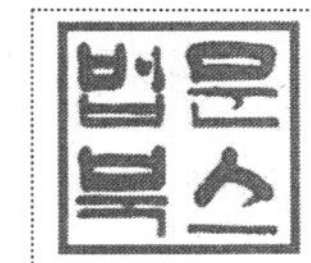

152-050
서울 구로구 경인로 54길4(구로동 636-62)
TEL : 2636-2911~3, FAX : 2636~3012
등록 : 1979년 8월 27일 제5-22호
Home : www.lawb.co.kr

- ISBN 978-89-7535-595-0 (03600)
- 이 도서의 국립중앙도서관 출판예정도서목록(CIP)은 서지정보유통지원시스템 홈페이지(http://seoji.nl.go.kr)와 국가자료공동목록시스템(http://www.nl.go.kr/kolisnet)에서 이용하실 0 있습니다. (CIP제어번호 : CIP2017011313)
- 파본은 교환해 드립니다.

유명 명언 · 명구 수록

人城教育(인성교육)의 指針書(지침서),
學習(학습)자들의 受講教材(수강교재)로
適合(적합)한 原文(원문)해석이 쉬운
講義教材(강의교재)로 알기 쉬운
筆寫本(필사본) 明心寶鑑(명심보감)

03600
9 788975 355950
ISBN 978-89-7535-595-0

18,000원